Urban Bacher und Marco Herrmann

Lege nicht alle Eier in einen Korb

Urban Bacher und Marco Herrmann

Geldanlage:

LEGE NICHT ALLE EIER IN EINEN KORB

DIVERSIFIKATION ALS FIDUKA PRINZIP

Bibliografische Information der Deutschen Nationalbibliothek

Die Deutsche Nationalbibliothek verzeichnet diese Publikation in der Deutschen Nationalbibliografie; detaillierte bibliografische Daten sind im Internet über http://dnb.d-nb.de abrufbar.

Frankfurter Allgemeine Buch

© FAZIT Communication GmbH
Frankfurter Allgemeine Buch
Frankenallee 71–81
60327 Frankfurt am Main

Umschlag & Gestaltung: Anabell Krebs
Satz: Nina Hegemann
Titelbild: stock.adobe.com
Druck: CPI books GmbH, Leck
Printed in Germany

1. Auflage
Frankfurt am Main 2021
ISBN 978-3-96251-101-2

Alle Rechte, auch die des auszugsweisen Nachdrucks, vorbehalten.

INHALT

Vorwort	**7**
Ein Blick in die Zukunft	11
Geldanlage war früher einfacher	**13**
Börsenregeln und das höchste Gebot	17
Grundgedanke der Diversifikation ist Risikostreuung	19
Die Anlageformen im Überblick	**22**
Das Vermögen der Deutschen ist riesig	22
Geld als Anlageform des täglichen Lebens	23
Unser Geld, der Euro und die Rolle der EZB	25
„Finanzielle Repression" als Lösung?	29
Kryptogeld: neues Geld mit undurchschaubaren Risiken	33
Gold ist die natürliche Anlageform	35
Die Einlage: Geld gehört auf die Bank	39
Anleihen dominierten lange den deutschen Kapitalmarkt	41
Zentralbanken bestimmen immer mehr den Finanzmarkt	46
Die Mär der absoluten Sachwerte	55
Einen absoluten Inflationsschutz gibt es nicht	57
Aktien – höhere Rendite für die Risikobereitschaft	59

Immobilien sind die zentrale Anlageform
der Deutschen ... 66

Zertifikate und Fonds als Anlageinstrumente ... 73

Das magische „Dreieck" der Geldanlage ... 78

Anlageziel „Rendite" ... 82

Anlageziel „Liquidität" ... 84

Anlageziel „Sicherheit" ... 85

Anlageziel „Minimalaufwand" ... 89

Anlageziel „nachhaltiges Investieren" ... 90

Grobmuster zur Bewertung der Anlageformen ... 92

Die Asset Allokation ... 94

Portfoliotheorie bestätigt Diversifikationseffekt ... 97

Die Aufgabe von Vermögensverwaltern:
bestes Kundeninteresse ... 100

Die „Drittelregel" und das Kakerlaken-Modell ... 101

Aktien, unsere dominante Anlageklasse ... 103

Das Orchestermodell und
die Fußballmannschaft ... 105

Strategie vor taktischen Maßnahmen ... 108

Zu den Autoren ... 111
Wichtiger Hinweis/Disclaimer ... 112

VORWORT

Im August 1969 geschah eine wesentliche Weichenstellung in meiner beruflichen Karriere. Es war auf einer Veranstaltung der Investmentbranche in München. Dort begegnete ich André Kostolany. Ich war wenige Monate zuvor von einem sechsjährigen Aufenthalt in den USA, wo ich bei einer Management-Consulting-Firma tätig gewesen war, nach Deutschland zurückgekehrt. Nach der Veranstaltung ging ich auf Kostolany zu. Er hatte in einer Kolumne in „Capital" einmal geschrieben, den Deutschen fehlten einige Jahrzehnte Investmenterfahrung. Ich fragte ihn, ob er mithelfen würde, dieses Defizit abzubauen. Er gab spontan zur Antwort, dass er hierzu mit den richtigen Partnern gerne bereit wäre. Schon im Herbst 1970 fassten wir den Beschluss, eine Depotverwaltung zu gründen, was formell am 22. April 1971 geschah.

Das war die Geburt der FIDUKA. Als André Kostolany diese, seine zweite Karriere begann, war er mit 65 Jahren schon im Pensionsalter. Unsere Zusammenarbeit war sehr erfolgreich und dauerte fast 30 Jahre bis zu seinem Tod.

Meine Karriere als Vermögensverwalter begann vor 50 Jahren in der alten Börsenwelt. Das war, verglichen mit heute, wie im Mittelalter. Die Informationen flossen langsam und spärlich. Wirtschaftsnachrichten waren in Funk und Fernsehen kaum vertreten.

Heute kann sich jedermann, dank des Internets, einfach und unmittelbar über die Finanzmärkte informieren. Otto Normalsparer ist heute auf Augenhöhe mit den Großinvestoren. Auch die Anlagepalette wurde erweitert. Die wichtigste davon ist die Erfindung der ETFs. Sie hat das Anlegen revolutioniert. Ein ETF ist ein börsengehandelter Indexfonds, der einen Index, z. B. den DAX, nachbildet. Die Vorteile von ETFs sind:

1. radikale Kostenminderung,
2. denkbar simpel und einfach zu verstehen,
3. höhere Sicherheit durch globale Diversifikation.

Die FIDUKA hat schon frühzeitig die Vorzüge dieser modernen Anlageform erkannt und in ihrer Depotgestaltung davon Gebrauch gemacht.

Krisenhafte Zeiten stellen hohe Anforderungen an einen Vermögensverwalter. Er kostet zwar Geld, aber das macht sich bezahlt, wenn er für seine Mandanten entsprechend ihrer Vorgaben, ihrem Anlageziel und ihrer Risikobereitschaft treuhänderisch handelt. Dabei bringt er nicht nur sein Investment-Know-how und seine Erfahrung zum Tragen, sondern er muss auch die nötige Disziplin aufbringen, besonders in turbulenten Börsenphasen seine Emotionen unter Kontrolle zu halten. Ein Teil seiner Gebühr ist gewissermaßen „Schmerzensgeld". Er muss eingedenk der Ängste und Sorgen seiner Kunden besonders vorsichtig zu Werk gehen, um Verluste so weit wie möglich zu vermeiden und eine akzeptable Rendite zu erwirtschaften. Daher habe ich Leitlinien aufgestellt, die dafür sorgen, dass riskante Geschäfte vermieden werden und Risiken so gut wie möglich überschaubar sind: Für Kunden habe ich nur Geldanlagen getätigt, in die ich auch selbst investiert hätte oder investiert habe. Komplizierte Angebote, wie schwer durchschaubare Zertifikate oder komplexe Derivate, haben wir nie angefasst, in sogenannte Subprime-Anleihen – Schrottanleihen – haben wir keinen Cent investiert. Ich habe auch immer darauf geachtet, dass die von uns getätigten Anlagen kurzfristig verkäuflich, also liquide sind.

Geschlossene Fonds aller Art haben wir strikt gemieden, genauso wie steuerbegünstigte Abschreibungsobjekte. Ich war mir immer meiner Verantwortung bewusst, und ich habe versucht, dem

Firmennamen FIDUKA gerecht zu werden. Der Name ist abgeleitet vom lateinischen „fiducia" – das heißt Vertrauen.

Über eine Anerkennung des Journalisten Markus Zydra habe ich mich besonders gefreut. Er schrieb: „Gottfried Heller muss einiges richtig gemacht haben in seinem Berufsleben. Das kann man daran ablesen, dass er selbst im hohen Alter noch ein gefragter Gesprächspartner ist. Und das bei einem Thema, bei dem einen der gute Ruf schnell verlässt: Geldanlage." Es geht mir inzwischen wie André Kostolany, der einmal schrieb: „Viele fragen mich, wie ich es schaffe, mit über 80 noch so aktiv zu sein. Das wichtigste ist die geistige Gymnastik, dass ich noch ununterbrochen analysiere, denke, debattiere und schreibe."

Inzwischen bin ich aus dem operativen Tagesgeschäft ausgeschieden. Ich stehe natürlich noch immer in Verbindung mit den Mitarbeitern in der Firma, die mich mit Informationen und Research-Material versorgen. Meinen Nachfolgern möchte ich folgenden Ratschlag von Kostolany weiterreichen: Er zitierte oft die alten jüdischen Börsianer in Frankfurt: „Man macht das Geld an der Börse nicht mit dem Kopf, sondern mit dem Sitzfleisch." In anderen Worten: Geduld ist das Wichtigste – und natürlich Geld. Und man kann bei heftigen Börsenschwankungen nicht stillsitzen, wenn man kein diversifiziertes, stabiles, risikoarmes Depot besitzt. Heute kann ich zufrieden feststellen, dass mir die Nachfolgeregelung gut geglückt ist. Es freut mich, dass meine Nachfolger die FIDUKA ganz in meinem Sinne weiterführen und dass der Generationenwechsel so gut und reibungslos geklappt hat.

Ein Blick in die Zukunft

Für Geldanlagen gibt es keine Zinsen mehr. Das wird noch für viele Jahre der Fall sein. Dem steht ein Meer von anlagesuchendem Geld gegenüber. Das stimmt mich für die Börsenentwicklung zuversichtlich. Trotz des Überschwangs an den Finanzmärkten darf man aber die Inflationsrisiken nicht aus den Augen verlieren. Unmittelbar ist die Inflationsgefahr zwar gering, aber mit Aktien hat man einen Inflationsschutz – wenn sie denn kommt. Geldschwemme und zukünftige Inflationsrisiken sind gleich zwei zwingende Gründe dafür, dass Aktien zu besitzen ein Muss ist, sei es in Form von Einzelaktien oder ETFs.

Das Buch von Urban Bacher und Marco Herrmann wägt die Vor- und Nachteile von Anlageformen gut ab und setzt die richtigen Schwerpunkte. Lesen Sie und machen Sie sich selbst Gedanken um Ihr Geld und handeln Sie, solange noch Zeit dazu ist. Meine Erfahrung: Breite internationale Diversifikation zahlt sich aus und sorgt für Stabilität im Depot.

Es grüßt Sie herzlich!
Ihr Gottfried Heller
Mitgründer der FIDUKA

GELDANLAGE WAR FRÜHER EINFACHER

Wer ein Vermögen besitzt, trägt Verantwortung. Je größer das Vermögen ist, desto mehr Verantwortung für den Inhaber. In der Theorie klingt der Erhalt eines Vermögens einfach. Die letzten zwanzig Jahre haben gezeigt, wie schwierig diese Aufgabe jedoch ist und wie viele Nerven Geldanlage kosten kann. Als Stichworte seien genannt: Pleite des Neuen Marktes, 11.-September-Schock, globale Finanzkrise, Eurokrise, Corona-Pandemie.

Vor Jahren war vieles in der Geldanlage einfacher: Das Depot von Versicherungen, Stiftungen, Klöstern und von vermögenden Privatpersonen bestand überwiegend aus Anleihen. Das Management war denkbar einfach: Wenn eine Anleihe fällig wurde, ersetzte man diese durch eine neue. Oft besaß der Investor zudem ein solides Immobilienvermögen und mischte – wenn überhaupt – noch Gold und Aktien dazu. Insgesamt konnte man mit dieser einfachen Strategie auskömmliche Jahreserträge erzielen. Da der Zins für Bundesanleihen (Umlaufrendite) über Jahrzehnte von 1955 bis 1994 hinweg gewöhnlich in einem Band von 6 bis 10 % lag, war es für einen Anleger einfach, gute und wertstabile Renditen zu erzielen (vgl. Abbildung 1).

1955: 6,1 %	**1965:** 6,8 %	**1975:** 8,7 %	**1985:** 6,9 %
1956: 6,3 %	**1966:** 7,8 %	**1976:** 8,0 %	**1986:** 6,0 %
1957: 7,1 %	**1967:** 7,0 %	**1977:** 6,4 %	**1987:** 5,8 %
1958: 6,5 %	**1968:** 6,7 %	**1978:** 6,1 %	**1988:** 6,0 %
1959: 5,8 %	**1969:** 7,0 %	**1979:** 7,6 %	**1989:** 7,1 %
1960: 6,3 %	**1970:** 8,2 %	**1980:** 8,6 %	**1990:** 8,9 %
1961: 5,9 %	**1971:** 8,2 %	**1981:** 10,6 %	**1991:** 8,7 %
1962: 6,0 %	**1972:** 8,2 %	**1982:** 9,1 %	**1992:** 8,1 %
1963: 6,1 %	**1973:** 9,5 %	**1983:** 8,0 %	**1993:** 6,4 %
1964: 6,2 %	**1974:** 10,6 %	**1984:** 7,8 %	**1994:** 6,7 %

Abbildung 1: Durchschnittliche Umlaufrendite deutscher Bundesanleihen im Jahresverlauf 1955 bis 1994 (Quelle: Deutsche Bundesbank).

Im Schnitt waren mit einem derartigen Portfolio ohne großen Aufwand und ohne große Transaktionen 6 % Rendite pro Jahr möglich. Je nach Phase, Glück und Können ließen sich auch 8 % p. a. oder mehr erzielen. Diese Renditen lagen weit über der Inflationsrate. Für private Anleger war die Last der Besteuerung oft das einzige Problem.

Jedes Jahr 6 % sicherer Ertrag, das wünschen sich die allermeisten Anleger heute auch. Leider geht die damalige Strategie nicht mehr auf.

1995: 6,5 %	**2005:** 3,1 %	**2015:** 0,4 %
1996: 5,6 %	**2006:** 3,7 %	**2016:** 0,1 %
1997: 5,1 %	**2007:** 4,2 %	**2017:** 0,2 %
1998: 4,5 %	**2008:** 4,0 %	**2018:** 0,3 %
1999: 4,3 %	**2009:** 3,0 %	**2019:** -0,2 %
2000: 5,4 %	**2010:** 2,4 %	**2020:** -0,5 %
2001: 4,8 %	**2011:** 2,4 %	
2002: 4,7 %	**2012:** 1,3 %	
2003: 3,7 %	**2013:** 1,2 %	
2004: 3,7 %	**2014:** 1,0 %	

Abbildung 2: Durchschnittliche Umlaufrendite deutscher Bundesanleihen im Jahresverlauf 1995 bis 2020 (Quelle: Deutsche Bundesbank).

Seit drei Jahrzehnten sinken die Zinsen. Heute haben wir ein nie dagewesenes Niveau von unter „0" Prozent erreicht (vgl. Abbildung 2). Sie haben richtig gelesen: Negativzins. Bundesanleihen haben keinen Kupon mehr, der Staat bekommt das Geld von den Sparern umsonst. Mehr noch: Im März 2020 lag der 10-Jahreszins für Bundesanleihen bei minus 0,75 %, d. h., Anleger zahlen dem Staat noch Geld dafür, dass er ihre Sparleistung bzw. Kaufkraft annimmt – pro

Jahr etwa 0,75 %. Da Anleihen täglich mit Kursen bepreist werden, muss ein Anleger im Jahr 2020 eine 10-jährige-Bundesanleihe ohne Kupon etwa zu 107,5 % ankaufen, damit er in zehn Jahren – also im Jahr 2030 – den Nennwert von 100 zurückerhält. Im Ergebnis zahlt der Anleger also sicher drauf. Er verliert in zehn Jahren garantiert 7,50 € bezogen auf 100 € Einsatz. Er verliert tatsächlich noch mehr, weil die Bank für das Depot und für die Transaktion Kosten geltend macht und es gewöhnlich in Deutschland noch Inflation gibt. Pikant ist dabei, dass die Finanzverwaltung Negativzinsen bei privaten Anlegern nicht als negativen Zins wertet und damit eine steuerliche Verrechnung nicht gegeben ist.

Unser Zwischenergebnis: Nach Kosten und Inflation ist mit Anleihen kein Wertzuwachs zu erzielen.

Wir sehen also: Frühere Anlagestrategien mit Zinspapieren als wesentlicher Bestandteil funktionieren nicht mehr. Damit wird die Vermögensanlage für deutsche Anleger zum Problem, weil heute kein Zinsertrag mehr zu erzielen ist. Warum Anleger dennoch Anleihen kaufen, zeigen wir weiter unten. Gewinner der letzten 25 Jahre waren Engagements in Aktien und Gold (vgl. Abbildung 3).

Buchwerte ohne Kosten und Steuern	Endkapital (nominal in T €)	Rendite p.a. (gerundet)
Bargeld	100	0,0%
Sparbuch	137	1,3%
Inflation	140	1,4%
Dt. Bundesanleihen (REX)	280	4,3%
Dt. Aktien (DAX)	558	7,2%
Gold in €	564	7,2%
Aktien Welt (MSCI TR)	663	8,0%

Abbildung 3: Was aus 100 T € in den letzten 25 Jahren (01/1996 bis 09/2020) nominal geworden ist (Quelle: Bloomberg).

Börsenregeln und das höchste Gebot

Eine Lösung für die Behebung des Anlagedilemmas ist das Anwenden von Börsenregeln. Seit Jahrzehnten gibt es Muster für klassische Fehler und goldene Regeln für die Geldanlage, oft in Form eines Spruchs oder Bonmots.

Acht klassische Fehler der Geldanlage

1. Keine Anlagestrategie: zufällige Titelauswahl, Anlage in heiße Tipps.

2. Prozyklisches Verhalten: Kauf im Boom, Panikverkäufe in der Krise.
3. Ständiges Umschichten.
4. Wenig Kostenbewusstsein.
5. Steuervermeidung als wichtiges Entscheidungskriterium.
6. Unrealistische Renditeerwartungen.
7. Unkenntnis der wahren Risikosituation.
8. Menschliche Schwächen wie selektive Wahrnehmung.

Fast jeder Fehler kann in eine Chance oder in einen Vorteil umgedeutet werden. Gottfried Heller, der Gründer der FIDUKA, hat Erfahrungsregeln definiert, die wir etwas abgeändert als „goldene Regeln" bezeichnen.

Goldene Regeln der Geldanlage
1. Die Mischung macht's – diversifiziere.
2. Erst wägen, dann wagen: Vor der Entscheidung kommt die Analyse und Abwägung.
3. Kaufe nur, was Du verstehst.
4. Sachwerte übergewichten.
5. Vorsicht vor zu vielen Umschichtungen.
6. Lass Dir Zeit! „Time" ist wichtiger als „Timing".

7. Es gibt keine zusätzliche Rendite ohne zusätzliches Risiko.
8. Verliebe Dich in Menschen, nicht aber in Wertpapiere.
9. Investiere nie auf Kredit und heble nicht.
10. Achte auf Qualität und auf stabile Ausschüttungen.

Bei Grundprinzipien und juristischen Fragen stellt sich oft eine Rangfrage. Man beginnt eine Suche nach dem höchsten Gebot. Nach unserer Erfahrung steht die Diversifikation an erster Stelle unserer goldenen Regeln, sie ist das Fundament der Geldanlage. Die Diversifikation bestimmt im Kern das Risiko und die Rendite, aus ihr leiten sich alle anderen Fragen ab. Das ist der Grund, warum die Diversifikation an erster Stelle steht.

Grundgedanke der Diversifikation ist Risikostreuung

Diversifizierung bezeichnet die Streuung von Investments. Konkret bedeutet das, das Vermögen in verschiedene Anlageklassen und Wertpapiere zu investieren. Die Idee dabei ist, Verlustrisiken zu verringern und Wertschwankungen zu reduzieren. Anleger sollten ihr Vermögen nicht nur in unterschiedliche Anlageklassen investieren, sondern ihre Investments auch in viele Titel über mehrere Länder, Branchen und Themen aufteilen.

Zu Beginn der Wirecard-Insolvenz war in der Presse zu lesen, dass ein Techniker aus Norddeutschland sein Erspartes in Höhe von 75.000 € für die Altersvorsorge allein in Wirecard-Aktien angelegt hat. Das innovative Konzept des Zahlungsdienstleisters hatte den Anleger überzeugt. Zudem war er stolz auf das deutsche Vorzeigeunternehmen. Leider bestanden die Leistungen von Wirecard zu einem Großteil aus Luftbuchungen. Als im Sommer 2020 das betrügerische System nicht mehr aufrechtzuerhalten war, musste das DAX-Unternehmen Insolvenz anmelden. Die zusätzliche Altersvorsorge des Technikers ist damit wohl verloren. Ohne einen Vorwurf erheben zu wollen, er hat alles auf eine Karte gesetzt und gegen das Gebot der Diversifikation verstoßen.

Unser Anlagetipp: Gemäß der klassischen Börsenregel lautet unser zentraler Anlagetipp: „Lege nie alle Eier in einen Korb. Diversifiziere!" In anderen

Worten: Das Vermögen sollte gut überlegt in Bausteine strukturiert sein.

Bestandteile einer Vermögensstruktur
- Bargeld und liquide Geldwerte wie Kontoguthaben, Festgelder, Fremdwährungen,
- weitere Geldwerte wie Spareinlagen, Sparbriefe, Anleihen und Lebensversicherungen,
- Unternehmensbeteiligungen wie Aktien,
- Sachwerte wie Immobilien, Edelmetalle, Rohstoffe,
- „alternative Investments" wie Private Equity, Windparks und Infrastrukturprojekte, Kryptowährungen,
- Kunst und Exoten wie Oldtimer, Uhren, Wein.

Welche Vorzüge und Nachteile die einzelnen Anlageformen besitzen, beschreiben wir im Folgenden.

02
DIE ANLAGEFORMEN IM ÜBERBLICK

Das Vermögen der Deutschen ist riesig

Ob die Deutschen ihr Vermögen gut diversifiziert haben, wird zu recht immer wieder diskutiert. Die Deutschen sind reich. Das Vermögen der privaten Haushalte beläuft sich nach Schätzung der Bundesbank auf etwa 13 Billionen €. Das entspricht etwa dem Vierfachen des Bruttosozialprodukts.

Über die Hälfte des Vermögens der Deutschen ist in Immobilien gebunden, etwa ein Zehntel in Sachgüter (z. B. PKW, Schmuck, Kunstgegenstände). Etwa sechs Billionen € macht das Geldvermögen aus. Davon sind etwa 40 % Bargeld und Einlagen bei Kreditinstituten, 30 % Ansprüche gegenüber Versicherungen, 20 % Wertpapiere (Anleihen 5 %, Aktien 5 %, Fonds 10 %), 6 % Pensionsrückstellungen und 4 % Sonstiges. Das Vermögen der Deutschen ist dominant in den zwei Säulen „Immobilien" und „Geldwerte" (Bargeld, Einlagen, Anleihen) gebunden und sehr ungleich verteilt: 30 % der Haushalte haben gar kein Vermögen, 5 % der Haushalte besitzen mehr als die Hälfte des Vermögens. Das Vermögen sitzt vorwiegend in den alten Bundesländern und bei den Senioren. Männer besitzen durchschnittlich 30 % mehr als Frauen.

Unser Zwischenergebnis: Die Deutschen sparen einseitig. Deutsche setzen bei ihrem Vermögen auf Immobilien, ihr Auto und auf Geldwerte. Gold und Aktien werden vernachlässigt.

Quellen: Dt. Bundesbank, Geldpolitik und Bankgeschäft, in: Monatsbericht der BB 8/2020, S. 30ff., 44; Heller, Die Revolution der Geldanlage, 2020, Kap. 3 und 6; Heller, Der einfache Weg zum Wohlstand, 2015, Kapitel III 3; Bacher, Bankmanagement, 2015, S. 224ff.

Geld als Anlageform des täglichen Lebens

Jedermann ist heute gewohnt, täglich Güter und Dienste mit Geld zu bezahlen. Dieses soziale Verhalten hat sich über Jahrhunderte hinweg als außerordentlich nützlich erwiesen. Geld ist neben dem Rad und der Schrift die genialste Erfindung der Menschen. Die Alternative zu Geld – der Naturaltausch (Ware gegen Ware) – wäre äußerst mühsam. Ein Geschäft würde hier nur zustande kommen, wenn zwei Partner sich finden, die zur selben Zeit eine vergleichbare Leistung tauschen wollen und können, z. B. ein Bäcker findet einen Schneider, der ihm seine Schürze gegen drei Laib Brot flickt.

In einer modernen Gesellschaft sind derartige Naturalgeschäfte nicht praktikabel und ineffizient. Deshalb tauschen wir heutzutage Waren und Dienstleistungen mit Geld. Neben der Tauschfunktion dient Geld dem Rechnen und Vergleichen. Zudem kann Geld aufbewahrt werden.

Geld hat eine lange Geschichte von mehreren Tausend Jahren. Geld hatte ursprünglich eine reale Bezugsgröße. Seit Urzeiten kam diese Rolle dem Gold zu. Mit Festigung der Institutionen (Staaten und Banken) stieg die Akzeptanz von „Fiat-Geld", also Geld, das vom Staat aus dem Nichts heraus ohne reale Deckung geschaffen wird. Im 20. Jahrhundert wurden die letzten Bindungen des Geldes an das Gold gekappt. Seither erhält das Geld seine drei Grundfunktionen – Bezahlen, Rechnen, Aufbewahren – allein durch die gesetzliche Anerkennung und durch das Vertrauen der Bevölkerung. Treffend hierzu ist die Erkenntnis, dass „Geld kein Metall, sondern in Metall geprägtes Vertrauen darstellt". Formal wird die jeweilige Währung, unser Geld, durch Gesetze bestimmt, die Geldpolitik macht die Zentralbank.

Eine Voraussetzung, damit Geld seine Funktionen erfüllen kann, ist die Stabilität des Geldwertes. Unter stabilen Verhältnissen läuft das System rund. Unter anormalen Bedingungen treten Störungen auf. Anormale Situationen sind „Inflation und Deflation". Bei einer Inflation steigen die Preise für alle Güter und Dienstleistungen. In der Regel steigt dabei die Geldmenge unverhältnismäßig zur Gütermenge, sodass die Kaufkraft sinkt, das Geld verliert immer mehr seinen Wert. Bei einer Deflation hingegen sinken die Preise, die Kaufkraft steigt. Bei einer Deflation besteht die Gefahr, dass die Nachfrage einbricht. Investoren und Verbraucher kaufen nicht, sondern warten ab.

Quellen: Beck/Bacher/Herrmann, Inflation, 2017; Bacher, Bankmanagement, 2015, S.12; Schäfer, Gedanken zu Geld in Zeiten gedankenlosen Geldumgangs, in: Kreditwesen 5/2014, S.247-251; Sprenger, Der Untergang der Goldwährung in Deutschland, in: Die Bank 7/2014, S.8-13.

Unser Geld, der Euro und die Rolle der EZB

Am 1. Juli 1990 vereinbarten die EU-Staaten die Gründung einer Wirtschafts- und Währungsunion. Die Idee war, den EU-Binnenmarkt mittels einer gemeinsamen Währung mit hoher Preisstabilität zu fördern. Anfang 1999 wurde der Euro zunächst als

Buchgeld für Zahlungen eingeführt. 2002 wurden die nationalen Währungen in Deutschland, Frankreich, Italien und in vielen anderen europäischen Staaten abgeschafft.

Hüterin der europäischen Währung ist die Europäische Zentralbank (EZB) mit Sitz in Frankfurt am Main. Sie agiert unabhängig und ist verpflichtet, für Preisniveaustabilität zu sorgen. Eigentlich ist es der EZB verboten, öffentliche Defizite zu finanzieren. Seit der Finanzkrise kauft sie jedoch Staatsanleihen an und finanziert so indirekt Mitgliedstaaten. Die EZB argumentiert hier im Sinne eines Notfallmanagers. Die Ankaufprogramme seien zur Umsetzung der Geldpolitik notwendig und um Panikreaktionen an den Märkten zu vermeiden.

Im Mai 2020 hat das Bundesverfassungsgericht festgestellt, dass das Ankaufprogramm ab 2016 das verfassungsrechtliche Verhältnismäßigkeitsprinzip verletze. Nahezu alle Bürger (Aktionäre, Mieter, Eigentümer von Immobilien, Sparer und Versicherungsnehmer) sind vom EZB-Programm betroffen. Es sei augenfällig, dass sich über die Negativzinsen etwa für Sparvermögen deutliche Verlustrisiken ergeben. Unmittelbare Auswirkungen ergeben sich auf die Altersvorsorge und deren Rentabilität. Auch bleiben durch die niedrigen Zinsen wirtschaftlich an sich nicht mehr lebensfähige Unternehmen weiterhin am Markt. Staaten können sich verschulden, ohne sich dafür anstrengen zu müssen. Das Eurosystem kann über den Ankauf von Staatsanleihen zu einem dauerhaften Financier der Mitgliedstaaten werden. Mit zunehmendem Ankaufvolumen bestehe die Gefahr, dass die Papiere ohne Gefährdung des Marktes und der Stabilität der Währungsunion nicht zurückgegeben werden können. Damit begebe sich das Eurosystem in eine Abhängigkeit von Zentralbanken und Märkten und das gefährde das Demokratieprinzip.

Der Europäische Gerichtshof (EuGH) habe diese Argumente weder geprüft noch dargelegt. Wenn eine EZB-Maßnahme in offensichtlicher und strukturell bedeutsamer Weise das EU-Integrationsziel überschreitet, dann fordert das Bundesverfassungsgericht die Bundesregierung und den Bundestag auf, sich aktiv mit der Frage auseinanderzusetzen, wie die Kompetenzordnung wiederhergestellt werden könne.

Die Antwort der EU-Kommission und des EuGH ließ nicht lange auf sich warten. Sie konterten: Mit seinem Urteil habe das Bundesverfassungsgericht seinen Kompetenzrahmen überschritten, über die EZB entscheide allein der EuGH.

Neben den Ankaufsprogrammen gibt es noch ein weiteres Problem: Im Eurosystem gibt es unter den nationalen Zentralbanken ein internes und komplexes Verrechnungssystem mit dem Namen „Target". Im August 2020 übersprang der Target-Saldo der Bundesbank die Billionen-€-Grenze. Wie gefährlich diese Targetsalden sind, ist unklar und unter Experten umstritten. Eine einfache Antwort gibt es hierzu nicht. Solange das Eurosystem rund läuft und kein Land austritt, besteht wohl kein Problem. Anders könnte das aber im Krisenfall werden: Kritische Ökonomen bewerten die Targetsalden als Überziehungskredite, für das ein Land notfalls hafte.

Seit über einhundert Jahren ist der US-Dollar die Leitwährung der Welt. Gold und Öl werden in Dollar notiert, die wichtigsten Börsen befinden sich in den USA. Neben dem Dollar konnte sich der Euro in den letzten zwanzig Jahren als zweitwichtigste Weltwährung etablieren. Faktoren, die die globale Stellung des Dollars untergraben, kommen zunächst aus der amerikanischen Politik selbst. So sind seit Jahrzehnten im US-Staatshaushalt große Haushaltsdefizite zu verzeichnen. Die eigentliche Bedrohung des Dollars kommt aus China. Die Volkswährung Renminbi (Yuan) wird von der chinesischen Regierung „hoffähig" gemacht: Kapitalkontrollen werden entschärft, der Wechselkurs des Renminbis wird flexibilisiert. Auch soll die Volkswährung digitalisiert werden. Chinas Ziel ist eine Dominanz auf dem Geld- und Kapitalmarkt.

Unser Fazit: Der Dollar wird zwar wackeln, aber für unbestimmte Zeit weiterhin die Leitwährung der Welt bleiben. Doch China muss man auf dem Schirm haben.

„Finanzielle Repression" als Lösung?

Jedermann verwendet heute Geld, dessen System schwer durchschaubar und dessen Kern „inhaltsleer" ist. Fakt ist auch, dass sich die Staaten weltweit immer mehr verschulden. Grund hierfür sind unter anderem weltweite Krisen wie die Banken- und Finanzkrise 2008 ff. und die Corona-Pandemie seit März 2020. Seit der Finanzkrise haben alle westlichen Staaten den Markt mit Geld überflutet, der Zins als Preis des Geldes ist damit immer mehr gefallen. Für die Lösung des staatlichen Schuldenproblems gibt es das Konzept der „finanziellen Repression". Hierbei senken die Notenbanken den Leitzins, drucken Geld und kaufen Staatsanleihen. Zudem verpflichtet die Versicherungs- und Bankenaufsicht Banken und Versicherungen zum Halten oder Aufstocken von Staatspapieren. Insgesamt wird dadurch eine Nachfrage nach Zinspapieren geschaffen, die es so unter normalen Umständen nicht geben würde. Auch wird dadurch der Zins – am kurzen und am langen Ende – künstlich vom Risiko abgekoppelt und unter die Inflationsrate gedrückt. Für den Staat ist dadurch die „billige Finanzierung" auf lange Zeit gesichert: Der Staat kann sich über den negativen Realzins zu Lasten der Sparer und Investoren relativ entschulden. Da die Entschuldung im Verborgenen erfolgt, ist der Schmerz für das Volk gering, ein allgemeiner Aufschrei kaum zu hören. Im Kern wird der Sparer kalt und schleichend enteignet. Schuldner – bei Staatsanleihen ist das der Staat – werden bevorzugt.

Der Wirkungsmechanismus der finanziellen Repression ist einfach: Wächst eine Volkswirtschaft stärker als die öffentliche Zinslast, gelingt auf lange Sicht eine Absenkung der Schuldenquote. Entscheidend hierfür sind Zeit und das Zusammenspiel von Wachstum, Inflation, Anleihezins und Haushaltsdefizit. Das Geldgeschäft lebt von Vertrauen und von Rendite. Staatsanleihen waren ursprünglich „risikolose Zinspapiere". Daraus sind heute Nullzinsanleihen geworden. Da nicht wenige Staaten konkrete Haushaltsprobleme haben, können Investments in Staatsanleihen ein Risiko darstellen. Wird hier nicht genau differenziert und ist auch deren Zins abgeschafft, besteht die Gefahr von „renditelosen Risikopapieren".

Durch das Absinken der Renditen unter die Inflationsrate kann auch bei „guten" Rentenengagements langfristig das Vermögen real durch Sparen nicht erhalten werden. Viele Deutsche haben damit ein echtes Anlageproblem.

Wie lange Investoren das mitmachen, wird sich zeigen. Überraschenderweise funktioniert dieses Szenario schon über zehn Jahre. Je länger die finanzielle Repression anhält, desto mehr wird sich die strategische Asset-Allokation in Richtung Aktien und Immobilien verschieben. Nach unserer Ansicht ist das ein Grund, warum die Immobilien- und Aktienpreise in den letzten Jahren so gestiegen sind.

Noch einfacher: EZB soll Schulden einfach streichen. Infolge der Corona-Pandemie steigen die Staatsschulden überall stark an. Große Teile dieser Staatsschulden sind in Anleihen verbrieft, die auch die EZB ankauft. Auf diesem Weg werden elegant Schulden finanziert, was es nach Europäischen Verträgen eigentlich gar nicht geben darf. Einige Experten – vorrangig aus Frankreich – setzen noch einen drauf: Die EZB soll die angekauften Staatsanleihen einfach vernichten, am besten international abgestimmt. Damit wären die Schulden gestrichen, den EU-Staaten elegant geholfen. Die Politik wäre fein raus, der Bürger würde wenig merken.

Wir sehen also: Geld ist eine Erfindung des Menschen und ein reines Versprechen des Staates bzw. deren Zentralbanken. Es lebt vom Vertrauen der Bürger in seine Stabilität und Funktionsfähigkeit. Letztlich ist das Geldwesen eine (moderne) Form von Glauben.

Unser Anlagetipp: Bisher hat sich der Euro als Stabilitätsanker bewiesen. Achten Sie ganz genau auf den geldpolitischen Entscheidungsprozess. Überlegen Sie, ob Sie bei Geldfragen nicht auch „fremdgehen" und teilweise Fremdwährungen (US-Dollar, Schweizer Franken, Norwegische Kronen etc.) beimischen.

Quellen: Beck/Bacher/Herrmann, Inflation, 2017, S. 130 ff.; Bacher, Bankmanagement, 2015, S. 259 ff.; Reinhart/Sbrancia, The Liquidation of Government Debt, Working Paper 16893,

Cambridge MA, 2011; Klomfass, Abbau der Verschuldung zu Lasten der Bondinvestoren, in: Kreditwesen 16/2012, S. 819-821; Scheurer (AGI-Studie), finanzielle Repression und Paradigmenwechsel in der Geldpolitik, 6/2013; Naumer (AGI Studie), Finanzielle Repression, 8/2015; Heller, Der einfache Weg zum Wohlstand, 2015, Kapitel II; Dt. Bundesbank, Finanzstabilitätsbericht 2020.

Kryptogeld: neues Geld mit undurchschaubaren Risiken

Die Vorstellung, dass es Geld gibt, das keiner behördlichen Kontrolle unterliegt, ist zwar nicht neu, durch den technischen Fortschritt und durch die Globalisierung erhält diese Idee jedoch eine völlig neue Dimension. Digitale Währungen sind rein virtuelle Recheneinheiten und bedrohen die staatliche Geldautonomie und das Geschäftsmodell einer Zentralbank. Virtuelle Währungen basieren auf unterschiedlichen Konzepten, die im Wettbewerb stehen. Die bekannteste virtuelle Währung ist der Bitcoin, der auf einer Blockchain-Technologie fußt und durch Mining künstlich geschaffen wird. Eine Blockchain funktioniert so, dass alle Transaktionen in einen verschlüsselten Datensatz gespeichert werden und neue Zahlungen an diesen Datensatz transparent im Netz angehängt werden. Dieser Datensatz ist unveränderbar und anonym. Der Datensatz wird vom Netz überprüft, und diese Überprüfung wird durch neue Bitcoins belohnt („Mining"). Wie das staatliche Geld hat der Bitcoin keinen inneren

Wert. Bitcoins eignen sich ideal für anonyme Zahlungen und werden deshalb auch für kriminelle Transaktionen (Geldwäsche) missbraucht. Der Wert von virtuellen Währungen schwankt stark und unterliegt wenigen Schutzmechanismen.

Das Bitcoin-System ist schwierig zu durchschauen und benötigt eine enorme Rechenleistung. Sein Stromverbrauch ist vergleichbar mit dem eines ganzen (kleinen) Landes, ökologisch ist das eine Katastrophe.

Bei virtuellen Währungen handelt es sich um privat geschöpftes Geld. Die Geldfunktionen werden bisher nicht oder unzureichend erfüllt. Die Zentralbanken reden deshalb hier nicht von einer Währung, sondern von Krypto-Token.

Im Jahr 2019 hat Facebook zusammen mit namhaften Partnern eine digitale Weltwährung mit dem Namen Libra vorgestellt (Ende 2020 in „Diem" umbenannt). Nach dem Konzept soll die „freie" Währung an einen Währungskorb gekoppelt werden. Im April 2020 wurde bei der Schweizer Finanzaufsicht Finma eine Lizenz beantragt. Nach Kritik am Vorhaben haben Ende 2019 namhafte Partner wie Paypal, Ebay, Mastercard und Visa von einer Partnerschaft Abstand genommen. Seit 2020 unterliegen die

Verwahrung und Verwaltung von Kryptowerten der Bankaufsicht. Im September 2020 hat die EU-Kommission eine umfassende Regulierung von virtuellen Währungen vorgelegt. Bis Ende 2022 soll die Verordnung in Kraft sein.

Unser Anlagetipp: Das jeweilige System einer virtuellen Währung kann staatlich eingeschränkt oder ganz verboten werden. Für eine solide Geldanlage sind virtuelle Währungen aufgrund der Risiken (bisher) noch völlig ungeeignet. Unsere Empfehlung: bis auf Weiteres Hände weg von diesem Segment.

<small>Quellen: Dt. Bundesbank, Zahlungsdienste im Umbruch; in: Monatsbericht der BB 6/2019, S. 51-63; Dt. Bundesbank, Krypto-Token, in: Monatsbericht der BB 7/2019, S. 39-60; Hahn/Wons, Initial Coin Offerings, 2018; Kerscher, Handbuch der digitalen Währungen, 2014; Kerscher, Bitcoin, 2014; Kotas, Kryptowährungen als Digital Assets – eine Zwischenbilanz, in: Kreditwesen 2/2018, S. 24-28; Thole, Kryptowährungen, in: Die Bank 4/2019, S. 56-61, Zimmermann u.a., Schwerpunktheft Bitcoin, bum 3/2018; Weidmann u.a., Schwerpunktheft „Digitale Währungen und Zahlungssysteme", in: Kreditwesen 15/2019; Hettler, Libra, in: Bankinformation 2/2020, S. 72-75.</small>

Gold ist die natürliche Anlageform

Als man vor etwa 5.000 Jahren Geld als Tauschmittel erfand, haben sich Goldmünzen als ideales Geldmittel durchgesetzt. Gold kann damit als Urgeld, als älteste Anlageform überhaupt, angesehen werden. Es ist die klassische Reservewährung der Staaten und Zentralbanken.

Gold rostet und zerfällt nicht. Es ist knapp und schwer zu fälschen, seine Reinheit wird in Karat gemessen – 24 Karat entsprechen reinem Gold. In einem Portfolio ist Gold ein Risikopuffer, zumal sich der Goldpreis zu den Preisen vieler anderer Anlageformen unkorreliert entwickelt: In einer Börsenkrise bleibt der Goldpreis meist stabil, oft steigt er sogar, während Aktienkurse fallen. Gold ist daher ein guter Portfoliodiversifikator. In realer Form ist Gold nach einem Jahr Haltedauer sogar (noch) steuerfrei.

Gründe, die für Gold sprechen:
- Gold genießt seit jeher Vertrauen und ist anerkanntes Geld, die älteste Anlageform und die ureigene Form eines Zahlungsmittels.
- Gold ist einfach zu bestimmen, zu transportieren und auch schon in kleinen Mengen wertvoll.
- ... ist ein erstklassiges Wertaufbewahrungsmittel.
- ... ist von Natur aus „knapp" und „schuldenlos".
- ... ist äußerst schwer zu fälschen.
- ... ist die klassische Reservewährung von Staaten.
- ... ist ein Risikopuffer und ein sehr guter Portfoliodiversifikator.

- … ist das Gegenmittel gegen Misstrauen und Vertrauenserosion. Es dient auch als Schutz gegen Inflation.
- … ist als Luxusgut begehrt: in Asien und in der Türkei als Schmuck.
- … ist industriell nutzbar: es leitet sehr gut Strom und verträgt sich bestens mit anderen Materialien.

Leider hat Gold nicht nur Vorteile. So ist Gold nicht produktiv und wirft keinen laufenden Ertrag ab. Sein industrieller Nutzen ist beschränkt. Dominante Marktpartner am Goldmarkt sind die Zentralbanken. Der Goldpreis schwankt stark und hängt am US-Dollar. Auch kann das Halten von Gold jederzeit staatlich reguliert, besteuert oder sogar verboten werden.

Gründe, die gegen Gold sprechen:
- Gold hat keinen inneren Wert (ist kein Produktivkapital).
- Gold wirft keinen laufenden Ertrag ab.
- Der Goldpreis schwankt stark.
- Die Zentralbanken haben enorme Goldvorräte und können so den Goldpreis kurzfristig drücken bzw. manipulieren.

- Gold kann derivativ gekauft werden, die reale Goldmenge wird etwa einhundert Mal derivativ abgebildet.
- Das Halten von Gold kann staatlich beschränkt oder verboten werden.
- Die Goldgewinnung ist sehr aufwendig. Es besteht die Gefahr, dass Mensch und Boden ausgebeutet werden.

Warren Buffett sagte einmal: „Gold wird irgendwo auf der Welt aus dem Boden geholt, anschließend geschmolzen und dann erneut in einem Loch (Tresor) versteckt, das von Leuten bewacht wird, die dafür bezahlt werden. Marsmenschen, die das von außen betrachten, schütteln wohl nur den Kopf."

Wir sehen also: Wie beim Geld gibt es auch beim Gold viele Gründe dafür und viele Gründe dagegen. Als vermittelnde Ansicht kann folgendes gelten: Gold kann man als eine Art „Versicherung" ansehen, die eine Prämie kostet. Man wird hier gewöhnlich nicht richtig reich. Klar ist: Wer Gold kauft, kauft auch Risiken, etwas Ärger und Aufwand ein. Als Beimischung – am besten in realer Form – kann Gold jedoch eine Form der Vermögensabsicherung darstellen.

Unser Anlagetipp: Gold gehört in jedes Portfolio. Am besten in realer Form (Münzen, Barren) oder verbrieft mit Auslieferungsanspruch als Xetra-Gold. Der konkrete Anteil ergibt sich situativ.

Beachten Sie: Der ordnungsmäßige Besitz von Bargeld und Gold in Höhe von mehr als 10.000 € muss jederzeit belegbar sein, sonst greifen unangenehme Geldwäscheregeln. Kauf- und Herkunftsbelege sind also sorgfältig aufzubewahren.

Quellen: Heller, Der einfache Weg zum Wohlstand, 2015, Kapitel III 3; Beck/Bacher/Herrmann, Inflation, 2017, S. 27 ff. und 184 ff.; Sprenger, Der Untergang der Goldwährung in Deutschland, in: Die Bank 7/2014, S. 8-13, Schimmerle, Gold als Asset, in: Bankinformation 4/2018. S. 62-65; Baierl/Zürn, Edelmetalle – Ertragsquelle, in: Bankinformation 4/2018, S. 59-61; Bacher, Gold als Geldanlage, in: Konturen – Pforzheimer Hochschulzeitschrift 2017, S. 46-48.

Die Einlage: Geld gehört auf die Bank

Banken, wie wir sie kennen, gibt es erst seit etwa 150 Jahren. Ein Blick zurück in die Geschichte zeigt, dass die breite Bevölkerung erst ab Mitte des 19. Jahrhunderts überhaupt Freiheiten genießen und Wohlstand schaffen konnte. Auf diese Zeit gehen unsere Sparkassen und Kreditgenossenschaften zurück, deren Zweck es war, die Geld- und Kreditversorgung für die breite Bevölkerung bereitzustellen. Basis des modernen Bankgeschäfts war das Einlagengeschäft. Bürger sollten das Wirtschaften und

Sparen lernen und ihr Erspartes und ihre Liquiditätsüberschüsse zinsbringend und sicher bei der Bank oder Sparkasse anlegen. Etwa 4 Billionen €, das ist etwa ein Viertel des privaten Vermögens in Deutschland, liegen heute auf Konten von Banken.

Basis der Bankverbindung ist das Girokonto und infolge des Niedrigzinsniveaus liegen dort die Einlagen – etwa 2,5 Billionen €. Die Sichteinlage auf dem Girokonto hat keine Kündigungsfrist, sie ist jederzeit verfügbar. Bis vor zehn Jahren waren die Einlagen bei Banken zu großen Teilen in Fest- oder Tagesgeldkonten gebunden. Mangels Zins ist das heute keine Option mehr. Infolge der sehr expansiven Geldpolitik der Zentralbanken, verlangen Banken und Sparkassen immer häufiger ab einem Sockelbetrag Negativzinsen. Ein Teil der Bankeinlagen – etwa 570 Mrd. € – sind heute noch in Sparbüchern und Sparbriefen gebunden.

Rechtlich wichtig ist der Hinweis, dass die Einlage bei einer Bank dem Einzahlenden gehört. Sein erkennbarer Wille zählt. Bei Geldschenkungen auf Konten innerhalb der Familie – z. B. an Kinder und Enkelkinder – kann das zu Streit führen. Bei Gemeinschaftskonten, praxisrelevant sind Konten und

Depots von Ehegatten, gehören das Guthaben oder die Wertpapiere im Zweifel beiden Ehegatten zur Hälfte.

Für Bankeinlagen gibt es einen mehrstufigen Einlagenschutz. Gesetzlich geschützt sind 100.000 € pro Bank und Einleger, bei Ehegattenkonten also 200.000 €. Über das gesetzliche Maß hinaus haben die deutschen Banken und Sparkassen noch eigene Einlagensicherungssysteme aufgebaut.

Unser Anlagetipp: Bei Beträgen, die die gesetzliche Schutzgrenze von 100.000 € weit übersteigen, sollten Bankeinlagen auf mehrere Institute gestreut werden oder das Geld in andere Anlageformen gebunden werden (Bargeld im Banktresor, Geldmarktfonds, Gold, Anleihen, Aktien etc.).

Quellen: Bacher, Bankmanagement, 2015, S. 203; Richter, Ein Land spart falsch, in: Die Bank 8/2011, S. 14-17; Kern u.a., Dt. Einlagenmarkt, in: Die Bank 4/2014, S. 45-47; Heller, Der einfache Weg zum Wohlstand, 2015, Kapitel III 3; Heller, Die Revolution der Geldanlage, 2020, Kap. 6.

Anleihen dominierten lange den deutschen Kapitalmarkt

Während die Angelsachsen schon frühzeitig auf Aktien gesetzt haben, dominierten bei der Geldanlage der Deutschen das Sparen bei Banken und Versicherungen. Instrumente hierfür waren festverzinsliche

Produkte wie Tages- und Festgelder, Spareinlagen und Anleihen und Rentenfonds.

Eine Anleihe gibt dem Investor ein Recht auf Verzinsung und auf Rückzahlung des Kapitaleinsatzes. Rechtlicher Fachbegriff für eine Anleihe ist die „Teilschuldverschreibung". Andere Bezeichnungen für Anleihen sind Obligationen, Rentenpapiere, Bonds oder festverzinsliche Wertpapiere.

Die Anleihe ist ein Forderungspapier und verbrieft keine Stimm- bzw. Teilhaberrechte. Die Bedingungen wie Laufzeit, Zinssatz, Art und Termin der Rückzahlung etc. sind im Voraus fixiert. Die Notiz erfolgt in Prozent vom Nennwert. Eine negative Änderung im Kurs – das Kursrisiko – erfolgt durch steigende Marktzinsen (Zinsänderungsrisiko) oder durch eine Verschlechterung der Bonität (Bonitätsrisiko).

Neben den üblichen Transaktionskosten ist beim Erwerb bzw. Verkauf der Anleihe noch ein Spread (Geld-Brief-Spanne) zu berücksichtigen, d. h., der Käufer muss beim Erwerb einen Aufschlag zahlen, beim Verkauf erfolgt ein Abschlag. Zudem müssen dem Verkäufer die aufgelaufenen Zinsen erstattet werden, sogenannte Stückzinsen.

Anleihen können nach unterschiedlichen Kriterien eingeteilt werden.

Einteilung nach dem Emittenten:
- Anleihen des Bundes, der Länder oder von Gemeinden
- Bankanleihen (Pfandbriefe, ungesicherte Bankanleihe)
- Unternehmensanleihen

Einteilung nach der Verzinsung:
- festverzinslich (Kuponanleihe/Straight Bond)
- variabel verzinslich (Floater)
- unverzinslich (Zerobond)

Einteilung nach der Laufzeit:
- kurzfristig (z. B. ein Jahr)
- mittelfristig (z. B. zwei oder drei Jahre)
- langfristig (z. B. zehn oder 30 Jahre)
- ewig (kein Ende, keine Rückzahlung vorgesehen)

Einteilung nach der Rückzahlung:
- gesamtfällig am Ende
- Tilgung in Raten
- keine Rückzahlung (ewige Anleihen)

Einteilung nach dem Sitz des Emittenten:
- Inlandsanleihen (Emittent sitzt in Deutschland)
- Auslandsanleihen (Emittent sitzt im Ausland)

Einteilung nach der Währung:
- Euro-Anleihen
- Anleihen in Fremdwährung, z. B. in US-Dollar, Schweizer Franken oder Japanischen Yen

Wir sehen also, dass es bei Anleihen große Unterschiede geben kann. Größte Aufmerksamkeit sollte der Bonität einer Anleihe geschenkt werden.

Ratingagenturen beurteilen die Bonität systematisch mit Bonitätsnoten. Ein Vergleich von Anleihen ist aber nur in derselben Kategorie (Staaten/Banken/Unternehmen) zulässig. Beim Vergleich zwischen den Risikokategorien ist also Vorsicht geboten. Grund für diese Handlungsempfehlung ist, dass Staaten als besonders „sicher" gelten. Als einziger Akteur haben Staaten die Möglichkeit, von ihrem Volk Steuern zu erheben. Bei gravierenden Haushaltsproblemen können Sie zudem den Internationalen Währungsfonds anrufen. Für EU-Staaten wurde für solche Zwecke der Europäische Stabilitätsmechanismus ESM geschaffen. Bei Problemfällen von Banken springen üblicherweise die Sicherungseinrichtungen der Kreditwirtschaft ein. Trotz gegenläufiger Aussagen von Politikern zeigt die Praxis, dass Staaten ihre Banken im Notfall nicht im Stich lassen. Hingegen sind Unternehmen in der Krise eher sich selbst überlassen.

Im Ergebnis ist festzuhalten: Deutsche Staatsanleihen (Bundesanleihen) gelten als besonders sicher und als „Richtschnur" (Benchmark) für Zinspapiere generell. In einer Börsenkrise sind sie der sichere Hafen. Wenn die Aktienkurse ins Bodenlose fallen, bleibt deren Kurs stabil. Oft steigen sogar die Kurse. Sie sind damit „negativ" mit den (fallenden) Aktienkursen korreliert und wie Gold in einem Portfolio ein guter Risikopuffer. Für Unternehmensanleihen gilt dieser generelle Zusammenhang nicht: In einem Börsencrash überträgt sich die Angst des Marktes auch auf Unternehmensanleihen. Ratingagenturen werten viele Anleihen in der Krise ab, sodass deren Kurse gewöhnlich nicht halten und mit den Kursen der Aktien stark fallen können.

In der Corona-Pandemie war dieses Phänomen deutlich zu erkennen. Die Aktienmärkte brachen ein (etwa 40 Prozent), viele Unternehmensanleihen gaben im Kurs ebenfalls nach (im Schnitt etwa 20 Prozent), während Bundesanleihen etwas gestiegen sind. Staaten haben schnell unterschiedliche Hilfsprogramme in Milliardenhöhe angekündigt. Das half etwas. Ausschlaggebend für die Kurswende an den Anleihen- und Aktienbörsen war die Ankündigung der EZB, den Markt zu stützen, indem auch Unternehmensanleihen massiv von der EZB angekauft werden.

Unser Anlagetipp: Deutsche Staatsanleihen sind ein Risikopuffer für das Depot. Nicht jeder Anleger ist jedoch bereit, hierfür auf Jahre hin eine negative Rendite zu akzeptieren. Anleihen von Banken und Unternehmen zahlen derzeit noch einen Zins, bieten aber keinen vergleichbaren Risikopuffer. Bei Bank- und Unternehmensanleihen ist besonders auf die Bonität und Streuung zu achten.

Quellen: Bacher, Bankmanagement 2015, S. 236 ff.; Beike/Schlütz, Finanznachrichten, 2010; Heller, Der einfache Weg zum Wohlstand, 2015, Kapitel III 3; Heller, Die Revolution der Geldanlage, 2020, Kap. 6; Dt. Bundesbank, Finanzstabilitätsbericht 2020.

Zentralbanken bestimmen immer mehr den Finanzmarkt

Anleihen werden auf Finanzmärkten gehandelt, deren Gleichgewicht sich durch Angebot und Nachfrage ergibt. Emittenten, also Anbieter von Anleihen, sind Staaten, Banken, Unternehmen und supranationale Organisationen. Nachfrager von Anleihen sind die Investoren, namentlich private Investoren, Versicherungen, Banken, Vermögensverwalter und andere Finanzunternehmen.

Geld- und Kapitalmarkt bilden gemeinsam den Finanzmarkt. Auf dem Geldmarkt emittierte Papiere dienen der kurzfristigen Finanzierung und sind folglich ein Mittel zum Ausgleich kurzfristiger Liquidität zwischen den Marktteilnehmern. Der Geldmarktzins hängt maßgeblich von geldpolitischen Instrumenten und vom Leitzins der Zentralbank ab. Dominanter Akteur und Signalgeber ist die Zentralbank. Sie wirft gewöhnlich den „Zinsanker".

Anleihen werden mit fünf, zehn oder mehr Jahren Laufzeit auf dem Kapitalmarkt gehandelt. Der Kapitalmarktzins im langfristigen Bereich wird von den Marktteilnehmern und deren Erwartungen hinsichtlich Zins, Inflation und Risiken bestimmt. Mittlerweile sind die Zentralbanken durch ihre Ankaufprogramme dominante Marktpartner auf dem Anleihemarkt. Insofern kann nicht mehr von einem freien Preisfindungsmechanismus gesprochen werden.

Eine gute Referenz für den Rentenmarkt ist der Zins für zehnjährige Staatsanleihen. Deren Rendite fällt seit 30 Jahren: 1996 ist sie in Deutschland unter die Schwelle von 6 % gefallen, 2010 unter 3 %, seit 2015 pendelt die Rendite um die Nullmarke, seit Sommer 2019 ist die Rendite negativ (vgl. Abbildung 4.)

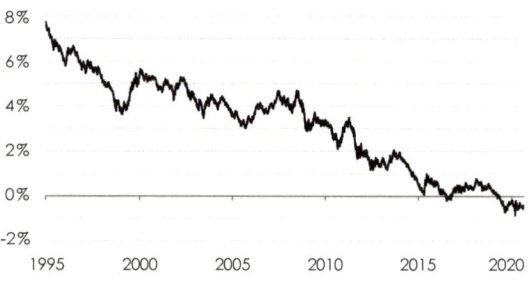

Abbildung 4: Rendite der 10-jährigen Staatsanleihen seit 1995 (Quelle: Bloomberg).

Unser Zwischenergebnis: Noch nie gab es derartige niedrige Zinsen – hinsichtlich der absoluten Höhe und der Dauer der Niedrigzinsphase.

2016 gab es erste Negativrekorde: Im Sommer 2016 durchbrach die Rendite der zehnjährigen Bundesanleihe erstmals die Nulllinie, und zu Beginn der Corona-Pandemie wurde im März 2020 mit einer Minusrendite von -0,75 Prozent ein absoluter Negativrekord erreicht.

Im August 2019 wurde erstmals eine 30-jährige Bundesanleihe ohne Kupon emittiert (WKN 110 248). Gleich zum Start kostete die Anleihe 105 Prozent. Konkret bedeutet ein derartiges Engagement: Ein Investor verzichtet 30 Jahre lang auf jeden Zins, muss zu Beginn der Investition 105 bezahlen und hat die Gewissheit, in 30 Jahren nur 100 zurückzuerhalten.

Jedermann fragt sich, wer so ein Geschäft überhaupt eingeht? Welcher Investor kauft eine Anleihe mit Negativzins über pari und warum? Antwort: Es sind vorwiegend institutionelle Investoren. Drei Gründe sprechen für einen Kauf:

1. Kurschancen: Anleihen haben einen Kurs. Dieser steigt, wenn die Zinsen künftig im Negativen noch weiter fallen.
2. Währungsgewinne: Ausländische Investoren können auf Währungsgewinne hoffen.
3. Sicherer Hafen: Engagements in Staatsanleihen gelten als „risikoloses Investment" und damit als „sicherer Hafen". Deren Erwerb kann aus Gründen der Diversifikation und Regulierung notwendig sein.

Gewöhnlich wird auf dem (kurzfristigen) Geldmarkt noch weniger bezahlt als für langfristige Kapitalmarktanleihen. Seit Jahren gibt es am europäischen Geldmarkt weniger als 1 Prozent Zins, seit 2012 steht dort die „0" oder noch weniger. Grund hierfür ist, dass der Geldmarktzins maßgeblich vom Leitzins und den weiteren geldpolitischen Instrumenten der Zentralbank abhängt.

Infolge der Finanzkrise senkten die Zentralbanken weltweit ihre Zinsen, seit einigen Jahren verlangt die EZB sogar eine Strafgebühr, wenn Banken bei ihr Gelder einlegen. Aktuell beträgt diese „Gebühr" - 0,5 Prozent.

In den USA gab es von 2016 bis 2019 Anzeichen für eine Zinswende. Präsident Trump sah aber wegen der höheren Zinsen einen Wettbewerbsnachteil für US-Unternehmen und erhöhte den Druck auf Notenbankchef Powell. Um die Wirtschaft anzukurbeln, hat die amerikanische Zentralbank Fed am 1. August 2019 den amerikanischen Leitzins wieder gesenkt. Infolge der Corona-Pandemie wurden die Geldschleusen weltweit geöffnet, die Zinsen weiter nach unten gedrückt (vgl. Abbildung 5) und die Märkte mit Geld geflutet.

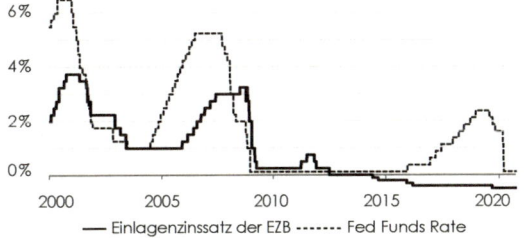

Abbildung 5: Leitzinsen der EZB („€") und der Fed („$")
seit 2000 (Quelle: Bloomberg).

Mario Draghi, ehemaliger Chef der EZB, hat am 28. September 2016 vor Bundestagsabgeordneten seine Nullzinspolitik gerechtfertigt. Seine Argumente: Die Geldpolitik der EZB gewährleiste Preisstabilität und wirke einer Depression entgegen. Nach Ansicht von Draghi greifen die Maßnahmen der EZB seit Jahren: Die Wirtschaft hätte sich erholt, durch den niedrigen Zins werde der Export und die Bauwirtschaft angekurbelt, Arbeitsplätze seien entstanden und die Staatshaushalte würden dadurch direkt entlastet. Es entstehe also Wohlstand. Die Zinspolitik wirke wie ein verstecktes Rettungspaket, von dem auch Rentner und Sparer profitieren.

In einem offenen Brief am 15. August 2019 hat der Sparkassenpräsident Helmut Schleweis Mario Draghi in deutlichen Worten widersprochen. Zwar zollt Schleweis Draghis Leistungen Respekt, kommt aber schnell zu einer negativen Wertung. Wörtlich heißt es: „Was Sie machen, ist falsch. Seit Jahren werfen Sie immer mehr Geld auf den Markt. Sie haben den Zins abgeschafft. ... Sie ändern damit Europa nicht zum Guten. Schulden zu machen, kostet nichts. Geld zu sparen, bringt keine Zinsen mehr. Wer Geld bei Ihnen anlegt, muss sogar etwas bezahlen. Damit stellen Sie die Regeln auf den Kopf. ... Die Altersvorsorge für Millionen Menschen schmilzt wie Schnee in der Sonne. ... Jahrzehntelang haben wir Kindern beigebracht, dass Sparen sinnvoll ist, weil man für schlechte Zeiten vorsorgen muss. Sie schleifen diese Kultur. Das alles kann langfristig nicht gut enden. Und wozu das Ganze: Haben kriselnde Staaten die Zeit genutzt, um Schulden abzubauen? Ist Europa näher zusammengerückt? Nichts von alledem hat Ihre Geldpolitik erreichen können."

Bereits vor ihrem Amtsantritt hat die designierte EZB-Chefin Christine Lagarde am 4. September 2019 angekündigt, dass sie Draghis bisherigen Kurs einer lockeren Geldpolitik fortsetzen will. Vor dem Wirtschafts- und Währungsausschuss des EU-Parlaments sagte sie, dass „eine hochgradig konjunkturstützende Geldpolitik für eine längere Zeit gerechtfertigt ist". Dem deutschen Kreditgewerbe passt das nicht. Postwendend antwortete der Chef der Deutschen Bank Christian Sewing wie folgt: „Die Niedrigzinsen ruinieren unser Finanzsystem."

Durch die Corona-Pandemie hat sich die Zinssituation ab März 2020 nochmals verschärft. Um eine Börsen- und Bankenkrise zu vermeiden und um die Wirtschaft anzukurbeln, haben die Zentralbanken weltweit eine noch lockere Geldpolitik angekündigt und großvolumige Programme aufgelegt und auch Stützungskäufe getätigt. Vor allem wurden Staats- und Unternehmensanleihen gekauft, die japanische Zentralbank kaufte sogar Aktien.

Unser Zwischenergebnis: Seit der Pandemie verharren die Zinssätze weltweit auf sehr niedrigem Niveau, teilweise sind die Zinsen nochmals gefallen. Den Marktteilnehmern ist klar: Nullzinsen werden die Anleger noch für Jahre begleiten.

Gewinner dieser Niedrigzinsen sind der Staat und die Häuslebauer, die sich sehr billig refinanzieren können. Gewinner ist auch die Börse, zumal die Liquidität direkt auf die Kurse wirkt. Und was macht die Inflation? Man würde erwarten, dass, wenn weltweit die Gütermenge bzw. Güterproduktion durch die Pandemie einbricht und auf der anderen Seite die Geldmenge drastisch erhöht wird, unweigerlich Inflation eintritt. Doch das Gegenteil ist der Fall! Bisher versucht die EZB vergeblich die Inflation auf 2% anzuheben. Sie ist derzeit bei „0". Durch den Globalisierungsdruck und scharfen Wettbewerb weltweit sind die Anbieter froh, ihre Güter und Dienstleistungen überhaupt absetzen und so Geldmittel freisetzen zu können. Hohe Preise gibt es in dieser Phase nur selektiv, z. B. zu Beginn der Pandemie bei Medizinartikeln (Masken, Schutzkleidung, Beatmungsgeräten, Desinfektionsmitteln etc.). Hohe Preise gibt es auch auf dem Wohnungsmarkt, vor allem in Metropolen.

Unser Anlagetipp: Solange die Zentralbanken die Finanzmärkte mit Geld fluten, besteht für Aktien, klassische Staatsanleihen und großvolumige Unternehmensanleihen keine ganz große Gefahr. Doch Vorsicht schadet nicht: Trotz Negativrendite können deutsche Staatsanleihen als ein möglicher Stabilitätsanker einem Portfolio beigemischt werden.

Quellen: Beck/Bacher/Herrmann, Inflation, 2017, S. 127 ff.; Bacher, Bankmanagement 2015, S. 255 ff.; Sprenger, Das Auf und Ab der Zinsen – ein historischer Rückblick, in: Die Bank 3/2011, S. 26 ff.; Bacher/Metzner, Nullzinsen und deren Folgen für den Sparer und die Wirtschaft, in: BBK 19/2019, S. 931-941; Heller, Der einfache Weg zum Wohlstand, 2015, Kapitel II.

Die Mär der absoluten Sachwerte

Geldwerte – wie Einlagen bei Banken, Darlehen oder Anleihen – sind rein nominelle Werte. Bei Geldwerten wird der Anleger zum Gläubiger. Dabei „klebt" die Geldforderung, das Darlehen bzw. die Anleihe, an einer Person. Dieses Gläubigerrecht ist ein relatives Recht, es kann nur gegenüber dem anderen Vertragspartner geltend gemacht werden. Geht der Vertragspartner unter, verliert das Gläubigerrecht seinen Wert.

Sachwerte sind hingegen reale Vermögensgegenstände. Der Investor wird bei Edelmetallen und Immobilien Eigentümer der Sache. Der Sachwert gehört dem Anleger. Auch eine Aktie oder ein Aktienfonds ist ein Sachwert, zumal diese Wertpapiere ein Unternehmen bzw. dessen Substanz verkörpern (Substanzwert). Der Aktionär ist Gesellschafter und damit Teileigentümer des jeweiligen Unternehmens.

Im Gegensatz zu den Gläubigerrechten „kleben" Eigentumsrechte dinglich an der jeweiligen Sache und können somit gegenüber jedermann geltend gemacht werden. Daher werden sie als absolute Rechte bezeichnet. Das Eigentumsrecht wird von der Verfassung garantiert, sein Inhalt hängt aber vom Gesetzgeber ab. Unser Grundgesetz beschreibt es treffend in Art. 14 wie folgt: „Inhalt und Schranken des Eigentums werden durch die Gesetze bestimmt. Eigentum verpflichtet. Sein Gebrauch soll zugleich dem Wohle der Allgemeinheit dienen." Im Kern ist das Eigentumsrecht also eine bloße Rechtszuweisung.

Boden ist knapp, gerade in Süddeutschland und in den Ballungszentren. Das Grundgesetz kennt zwar kein Grundrecht auf Wohnung, doch weit entfernt sind wir davon nicht: Der Staat darf den Grundverkehr und den Grundbesitz regulieren und relativ stark besteuern. So unterliegen Immobilien einer Grundsteuer, ebenso sind die Mieterträge steuerpflichtig. Im Erbfall unterliegen Immobilien der Erbschaftsteuer, unter Voraussetzungen wäre auch eine weitere Vermögensteuer möglich. Der Grundverkehr ist reguliert, noch stärker die Nutzung von

Immobilien. Zudem herrscht in Deutschland ein relativ strenges Mietrecht. In Berlin wurde im Februar 2020 eine Mietpreisobergrenze von max. 9,80 € pro Quadratmeter eingeführt. Wir sehen also: Ein absolutes Sacheigentum existiert nicht.

Einen absoluten Inflationsschutz gibt es nicht

Auch der Satz, dass Sach- und Substanzwerte nicht einer Inflationsgefahr unterliegen, stimmt in dieser Allgemeinheit nicht. Alle Güter, also auch Immobilien und Aktien, werden in Geld bewertet und unterliegen insofern dem Inflationsrisiko.

Nur wer einen Bauernhof hat, dort wohnt und sich mit Kühen, Hühnern, Schweinen und Ackerfürchten selbst versorgen kann, kann der Inflation in seiner Oase trotzen. Es droht aber auch hier die Gefahr, dass der Gesetzgeber regulierend und ausgleichend eingreift und Zwangsabgaben bestimmt. Auch Aktien haben zum Teil einen eingebauten Inflationsschutz, zumal große Teile der Aktiva eines Unternehmens Sachwerte bilden. Wichtiger als die Sachwerte ist folgender Punkt: Die Inflation treibt die Umsätze der Unternehmen, und bei stabilen Margen steigen auch die Unternehmensgewinne inflationär mit. Erhöhen sich die Preise, steigt auch die nominelle Bewertung der Unternehmen.

Kurzfristig greift dieser Schutz jedoch nicht. Im Gegenteil: Inflation treibt die Zinsen, und diese üben Druck auf die Aktienkurse und auf die Wirtschaft aus. Steigt die Inflation also rasch an, fallen zunächst die Aktienkurse. Grund: Nach der Cashflow-Theorie bildet sich der Aktienkurs durch Abzinsung der künftigen Einzahlungsüberschüsse. Wenn die Zinsen steigen, fallen die Kurse rechnerisch zumindest kurzfristig über höhere Risikoprämien. Zudem können Industrieunternehmen steigende Löhne, Rohstoff- und Energiekosten nur nach und nach an die Kunden weitergeben. Lahmt die Wirtschaft bei hoher Inflation, brechen Umsatz und Ertrag ein. Da auch ein Bauer und ein Unternehmer Teil der Volkswirtschaft und auf Austausch von Waren und Dienstleistungen angewiesen sind, sind sie Teil des Geldsystems und mitgefangen vom Schrecken der Inflation. Zudem drohen in einer Geldkrise regulative Eingriffe durch den Gesetzgeber. Eine Gewinnerposition im Inflationsszenario ist also ungewiss und ein reiner Hoffnungslauf.

Langfristig hat sich jedoch gezeigt, dass nach einer Währungsreform Sachwertbesitzer viel besser aus der Inflationskrise herauskommen als reine Geldgläubiger.

Unser Anlagetipp: Der Kern eines Vermögens sollte aus Sach- und Substanzwerten bestehen, also aus Aktien, Gold, Immobilien und einem schönen Zuhause.

Quellen: Beck/Bacher/Herrmann, Inflation, 2017, S. 169 ff.; Bacher, Bankmanagement 2015, S. 226 und 269.

Aktien – höhere Rendite für die Risikobereitschaft

Eine Aktie verbrieft ein Eigentumsrecht an einem Unternehmen. Steigt der innere Wert des Unternehmens, besteht bei börsennotierten Unternehmen die Chance auf steigende Aktienkurse. Der Kurs einer Aktie muss mit dem rechnerischen Wert nicht übereinstimmen. Langfristig nähern sich beide Werte jedoch an.

Kostolanys Mann und der Hund André Kostolany vergleicht das Verhältnis von Börse und Wirtschaft, cum grano salis, also das Verhältnis von Kurswert und Buchwert, mit dem Spaziergang eines Herrn mit dem Hund. Zwar gehen beide in die gleiche Richtung, der Hund läuft oft ein paar Schritte voraus, bleibt stehen, spielt etwas, läuft auch mal zurück etc. Letztlich treffen aber beide oft ‚zusammen' und kommen im Ergebnis an den gleichen Ort. „Der Hund ist die Börse (bzw. die Aktie), der Herr die Wirtschaft (bzw. das Unternehmen)", so Kostolany.

Aktien können aus unterschiedlichen Motiven erworben werden. Wie gesehen verkörpern Aktien Unternehmen, gegenständlich gesehen deren Güter und Dienstleistungen und das Anlagevermögen – Gebäude und Maschinen. Manche Investoren kaufen Aktien, um Einfluss zu gewinnen und Macht ausüben zu können. Bei Standardwerten ist hierfür jedoch ein Milliardenvermögen notwendig. Meist dominiert bei Aktien das spekulative Moment bzw. das Ertragsmotiv. Aktien schwanken stark, viel stärker als Anleihen. Das ist seit Langem nicht nur empirisch feststellbar, sondern auch aus der ökonomischen Theorie erklärbar: Die Aktienrendite enthält eine Risikoprämie für das übernommene unternehmerische Risiko und entspricht daher der Regel: höhere Rendite aufgrund der höheren Risikobereitschaft.

Aktien schlagen Renten aber nicht zu jeder Zeit. Entscheidend für abweichende Renditeergebnisse von Aktien und Renten sind erstens Beginn und Ende des jeweiligen Beobachtungszeitraums und, noch wichtiger, zweitens die Anlagedauer und Streuung des Aktienengagements.

Die Wahrscheinlichkeit, mit Aktien höhere Renditen zu erzielen als mit Anleihen, steigt mit zunehmender Anlagedauer: Bei einem Anlagehorizont von fünf Jahren beträgt die Wahrscheinlichkeit etwa 70 %, bei 20 Jahren sind es schon mehr als 95 %. Noch wichtiger: Aktien schwanken auf kurze Sicht – z. B. in einem Jahr – etwa drei- bis fünfmal mehr als Staatsanleihen. Mit zunehmender Haltedauer verflacht jedoch das Schwankungsrisiko. Nach 15 Jahren sind Aktien nominell wertstabil und es sind nur noch positive Wertentwicklungen zu erwarten (vgl. Abbildung 6).

Insofern gilt der Erfahrungssatz: Die Risiken von Aktien werden überschätzt, ihre Renditen unterschätzt. Aktien sind kurzfristig riskant, langfristig sind sie es nicht.

Aktien werden häufig in Indizes zusammengefasst, die die durchschnittliche Entwicklung einer Börse, eines Landes oder einer Branche darstellen. Der Index vereinfacht die Beobachtung von Börsen, weil er Informationen verdichtet. Der jeweilige Index ist dabei Indikator für das Marktgeschehen und hat eine wichtige Image- und Benchmarkfunktion.

DAX: 1980 bis 2020	Schwankungsbreite p.a.
1 Jahr Halteperiode	-59% bis +81%
5 Jahre Halteperiode	-15% bis +33%
10 Jahre Halteperiode	-3% bis +19%
15 Jahre Halteperiode	+2% bis +16%

Dow Jones: 1980 bis 2020	Schwankungsbreite p.a.
1 Jahr Halteperiode	-47% bis +69%
5 Jahre Halteperiode	-7% bis +34%
10 Jahre Halteperiode	0% bis +21%
15 Jahre Halteperiode	+5% bis +21%

Abbildung 6: Maximale Schwankungsbreiten p.a. im DAX und DJ TR differenziert nach Halteperioden (Quelle: Bloomberg).

Der älteste Aktienindex der Welt ist der „Dow Jones Industrial Average Index DJIA", genannt nach dessen Gründern *Charles Dow* und *Edward Jones*. 1884 gründeten sie das Wall Street Journal und stellten am 3. Juli 1884 erstmals den Dow Jones Average Index vor. Der Index setzte sich aus den Aktienkursen von neun Eisenbahngesellschaften und zwei Industrieunternehmen zusammen. Am 26. Mai 1896 wurde der DJIA zum ersten Mal öffentlich notiert. Zu dieser Zeit waren es zwölf Kurse, die einfach addiert wurden und die Summe der Kurse durch zwölf geteilt wurde (Kursindex). Seine Erstnotiz lag bei 40,94 Indexpunkten. 1916 übersprang der Index die Hürde von 100 Indexpunkten, 1972 und 1999 die Hürde der 1.000 bzw. der 10.000 Marke.

1987 hat die Deutsche Börse den Deutschen Aktienindex DAX geschaffen. Er zählt zu den kapitalgewichteten Indizes und hat weltweit die Besonderheit, dass Bezugsrechte und Dividenden mit in die Indexberechnung eingehen (Performanceindex). Er startete am 1. Juli 1988 mit der Basis von 1.000 Punkten per 31. Dezember 1987.

In den ersten zehn Jahren hat sich der DAX verfünffacht, es brauchte weitere 20 Jahre für die nächste Verdoppelung. Wir sehen daran, dass die Wertentwicklung sehr erfreulich ist (etwa 8 Prozent pro Jahr) und weit über den Renditen von Anleihen liegt. Es fällt aber auch auf, dass die Wertentwicklung höchst unterschiedlich und keineswegs linear verläuft. Zeitlich mit dem DAX wurde ein Index für die zweite Liga der deutschen Wirtschaft kreiert – der MDAX. Auch der zeitgleich gestartete MDAX wurde am 31. Dezember 1987 mit 1.000 Punkten festgelegt. Seine Performance ist beachtlich. Bisher hat er seinen großen Bruder deutlich hinter sich gelassen, er notierte in 2020 etwa doppelt so hoch (vgl. Abbildung 7.).

Abbildung 7: Aktien- und Rentenvergleich in Deutschland im langfristigen Vergleich 1988 bis 2020 (Quelle: Bloomberg).

Was zudem in der historischen Betrachtung auffällt, ist, dass der amerikanische Markt renditestärker und (!) schwankungsärmer ist als der deutsche (vgl. Abbildung 8).

Der direkte Vergleich unterschiedlicher Indexarten – wie Dow Jones und DAX – hinkt und ist eigentlich nicht zulässig, zumal man hier „Äpfel mit Birnen" vergleicht und es noch ein Problem mit der Währung geben kann. Wenn überhaupt, sollten für den Vergleich des DAX mit anderen Länderindizes

Performance-Indices herangezogen werden, also Indizes, die Bezugsrechte und Dividenden mit umfassen.

Abbildung 8: Vergleich Dow Jones (Kursindex) vs. DAX (Kurs- und Performanceindex) von 1990 bis 2020 (Quelle: Bloomberg).

Unser Anlagetipp: Aktien gehören in jedes Depot. Gut diversifiziert, sind Aktien renditestark und bei langer Haltedauer nicht besonders riskant.

Quellen: Sabeur, Aktie vs. Anleihe, ungleicher Wettstreit, in: Kreditwesen 19/2020, S. 50-52; Bacher, Bankmanagement 2015, S. 269 ff.; Siegel; Langfristig Investieren, 2007; Beike/Schlütz, Finanznachrichten, 2010; Heller, Der einfache Weg zum Wohlstand, 2015, Kapitel III 3 und VII; Naumer, (AGI-Studie): 70 Jahre deutsche Wirtschaft und Aktienmarkt – Ein Rückblick, 2020.

Immobilien sind die zentrale Anlageform der Deutschen

Im Mittelpunkt der individuellen Freiheit steht die Privatsphäre. Diese Freiheit verlangt einen geschützten Raum. Ein „Zuhause" nennen wir das. Unser Grundgesetz garantiert die Unverletzlichkeit der Wohnung. Ein unmittelbares Grundrecht auf eine angemessene Wohnung ist damit nicht verbunden. Dieses Recht gibt es nur in einigen Landesverfassungen, so in Bayern, Berlin, Bremen und in den ostdeutschen Ländern. Ob ein Recht auf eine Wohnung aus dem Sozialstaatsprinzip abgeleitet werden kann, ist umstritten. Unstrittig ist, dass Grund und Boden für das menschliche Zusammenleben von existenzieller Bedeutung ist und dass fast allen Menschen ihr Zuhause sehr wichtig ist. Dort lebt die Familie, dort spielt sich ein wesentlicher Teil des Lebens ab. Es wundert deshalb nicht, dass die Einstellung der Bevölkerung zur eigenen Wohnung und zum Wohneigentum sehr positiv ist. Diese positive Einstellung hat sich in der Corona-Pandemie noch verstärkt. Die Vorteile eines eigenen Hauses oder einer großen Eigentumswohnung sind vielen Bürgern in der Krise noch bewusster geworden.

Seit Jahren steigen die Preise für Immobilien – für Bauland ebenso wie für forst- und landwirtschaftliche Flächen, für Wohnungen und für Häuser. Insbesondere gute Lagen sind teuer. In den großen Städten – Oberzentren mit Universität und guten Kultur- und Wirtschaftsbedingungen – sind die höchsten Steigerungen zu verzeichnen. Am teuersten ist Bauland in den Stadtstaaten Berlin und Hamburg. Dort kostet der Quadratmeter Bauland im Schnitt 1.330 bzw. 1.160 € (Stand Mitte 2020). In Bayern liegt der Durchschnittspreis bei etwa 300 €. Mit unter 60 € vergleichsweise billig ist Bauland in Thüringen, Sachsen-Anhalt und Mecklenburg-Vorpommern.

Auch die Preise für Wohnungen und Häuser steigen seit Jahren, ebenso die Baupreise. Die hohen Preise hindern Menschen nicht, in Immobilien zu investieren. Steuerliche Anreize helfen, Wohnraum zu erwerben, noch mehr niedrige Bauzinsen.

Zurück zu den Motiven der Bevölkerung: Untersuchungen zeigen seit Jahrzehnten, dass man gerne für schönes Wohnen spart und dass das eigene Zuhause eine gute Altersvorsorge ist. Nicht nur Schwaben haben das verinnerlicht und „schaffen gerne für ihr Häusle". Neben der Anstrengung eines

Hausbaus ist mit dem neuen Eigenheim auch Konsumverzicht angesagt. Die neue Investition bringt Freude am eigenen Zuhause, erfordert aber häufig auch jahrelang den Verzicht auf viele andere Annehmlichkeiten. Beim Einzug in ein Eigenheim spart sich der neue Bauherr zwar die Miete, er muss aber gewöhnlich für lange Zeit auf vieles verzichten, weil der Kapitaldienst für die Banken (Zins und Tilgung) in der Regel höher ist als die ersparte Miete. Gut finanziert, ist das Eigenheim hoffentlich mit Beginn der Rente abbezahlt, so dass der Häuslebauer endlich frei von Zins- und Tilgungslasten ist und nur noch die Nebenkosten tragen muss. Jetzt kann der Ruhestand genossen werden. In diesem Sinne ist ein eigenes Zuhause eine der besten Formen der Altersvorsorge.

Ob der Kauf von Immobilien zu Zwecken der Vermietung bzw. Geldanlage eine gute Anlageform ist, ist nicht einfach zu beantworten. Immobilien sind schon von der Definition her „unbeweglich" und „einzigartig". Einzigartig ist auch die Sozialverantwortung von Grund und Boden. Hier hat die politische Diskussion erst begonnen. Rot-rot-grüne Regierungen werden die Grundbesitzer noch mehr in die Verantwortung ziehen, wenn sie die Macht dazu haben.

Auch die Kosten eines Immobilienerwerbs sind enorm: Grunderwerbsteuer sowie die Kosten für Makler, Notar und die Grundbucheintragungen summieren sich schnell auf 10 % des Kaufpreises. Hinzukommen laufende Lasten wie Grundsteuer, Versicherungen und die anderen Nebenkosten.

Der wirtschaftliche Wert einer Immobilie hängt entscheidend von der Lage des Grundstücks, dem Mietverhalten und dem Recht ab. Bei der Lage ist zunächst einmal die Makrolage entscheidend, also vom jeweiligen Bundesland, der Region und der jeweiligen Stadt. Positiv für Wohn- und Gewerbeimmobilien sind eine gute Infrastruktur (schnelles Internet, Zugang zum Nahverkehr, zur Autobahn und zu Radwegen). Auch die Nähe zu guten Jobs und zur Wissenschaft, zu Schulen, zu Kultur und zum Gesundheitswesen ist wichtig. Bei der Mikrolage ist die individuelle Nutzung und die konkrete Adresse entscheidend. In Ballungszentren spielt die Lage mit einem schnellen Zugang zu öffentlichen Verkehrsmitteln eine zentrale Rolle.

Privat ist es chic, mittendrin zu leben, am besten beginnt der Stadtpark gleich im grünen Hinterhof. Die Kombination vom „urbanen Leben" und doch „ganz ruhig privat" beschreibt für viele den Lebenstraum.

Kritische Punkte bei Wohnimmobilien sind eine problematische Nachbarschaft, Lärm und andere Immissionen, ein Bad ohne Fenster, wenig Sonnenlicht, kein Balkon bzw. kein Zugang zu einem Garten. Kritische Punkte bei Gewerbeimmobilien sind unflexible Flächen und ein unsicheres wirtschaftliches Umfeld. Der Onlinehandel boomt immer mehr. Das wirkt direkt auf den Einzelhandel, der immer weniger die horrenden Mieten in 1a-Lagen bezahlen kann. Hohe Fixkosten bei rückläufigen Umsätzen zwingen selbst bekannte Markenanbieter oder alteingesessene Gastronomen in bester Innenstadtlage zur Geschäftsaufgabe.

Der Trend zu Homeoffice bedroht das klassische Muster eines Bürogebäudes. Es bedarf wenig Fantasie, dass man Flächen und ganze Gebäude sparen kann, wenn sich Menschen nicht mehr jeden Tag in der Firma persönlich sehen.

Da Investitionen in Immobilien ein beachtliches Kapitalvolumen binden, ist für die allermeisten Anleger eine Diversifikation in mehrere Objekte schwierig. Unweigerlich trägt fast jede

Immobilie die Gefahr, zum Klumpenrisiko des Investors zu werden.

Neben dem direkten Immobilienerwerb ist auch der indirekte Erwerb über Immobilienaktien (Deutsche Wohnen, Patrizia, Vonovia etc.) oder über Fonds möglich. Aus rechtlicher Sicht ist die Unterscheidung von offenen und geschlossenen Immobilienfonds sehr wichtig. Für offene Immobilienfonds, die als Wertpapier verbrieft sind, gibt es Haltefristen mit Freibeträgen für die Rückgabe von Anteilen.

Bei geschlossenen Fonds muss man das Modell ganz genau durchdenken: rechtlich, kaufmännisch so wie von der Liquidierbarkeit her. Die rechtliche Konstruktion von geschlossenen Fondsmodellen ist komplex, eine private Haftung oft schwer beschränkbar. Die steuerlichen Vorteile gehen nur dann auf, wenn das Modell auf lange Sicht gewinnbringend ist. Das Finanzamt achtet darauf, dass in der Nutzungszeit mehr Erträge erzielt werden als Abschreibungen und Aufwendungen verrechnet werden. Damit sind steuerliche Risiken vorprogrammiert. Auch ist eine Rückgabe der Anteile bei geschlossenen Fonds oft nicht möglich. Man kommt ganz schnell ins Modell rein, weil die Verkäufer mit Druck verkaufen und dafür hohe Provisionen erhalten. Hingegen ist der Verkauf des Anteils eingeschränkt, in vielen Fällen sogar unmöglich. Die Verfügbarkeit des Anlageobjekts ist damit betroffen und ein zentrales Problem von geschlossenen Fondsmodellen.

Eine ganz andere Art, in Immobilien zu investieren, ist eine Investition in Infrastrukturmaßnahmen. Konkret geht es darum, den Aufbau von Energie-, Transport- und Kommunikationsnetze zu unterstützen oder Umweltprojekte und das Bildungs- und Gesundheitswesen zu fördern.

Weltweit wird die Urbanisierung zunehmen. Nach Schätzungen werden innerhalb von zehn Jahren weitere zwei Milliarden Menschen auf unserer Erde vom Land in die Stadt ziehen. Um diesen Zuwachs zu bewältigen, muss die öffentliche Hand massiv in die technische, soziale und medizinische Infrastruktur investieren. Finanziell werden die öffentlichen Haushalte meist überfordert sein. Private Großinvestoren werden deshalb in Milliardenprojekte einsteigen. Führend bei Infrastrukturmaßnahmen auf deutscher Seite ist der Allianz Versicherungskonzern. Privaten Investoren ist dieser Sektor in seiner Breite weitgehend verschlossen bzw. nur über meist teure Fondsvehikel zugänglich. Freilich gibt es in den Einzelsektoren „Energie, Gesundheit, Telekommunikation, Wassersysteme" und bei Windanlagen gute Investitionsmöglichkeiten, oft auch in Form von Aktien-ETFs.

Unser Anlagetipp: Eine Investition in ein Eigenheim ist meist lohnenswert. Ebenso ein Um- und Ausbau, am besten nachhaltig und energieeffizient. Überlegenswert ist der Erwerb von Bauland, von Nachbargrundstücken und Wohnungen in Oberzentren und Universitätsstädten. Auf jeden Fall sollte man auf ein etwaiges Klumpenrisiko achten. Generell steigen Immobilienpreise, sofern Lagevorteile bestehen. Der Immobilienmarkt verlangt ein gutes wirtschaftliches Umfeld mit guten Erwartungen und niedrigen Bauzinsen sowie steuerliche Anreize.

Quellen: Dt. Bundesbank, Finanzstabilitätsberichte 2017, 2019 und 2020; Dt. Bundesbank, Preisaufschwung bei Wohnimmobilien in Deutschland: Wirkungskanäle und Einflussfaktoren, in: Monatsbericht der BB 10/2020, S. 67–87.

Zertifikate und Fonds als Anlageinstrumente

Nachdem die wichtigsten Anlageformen – Geld, Gold, Bankeinlagen, Anleihen, Aktien und Immobilien – skizziert worden sind, fragt man sich, wo hierbei Zertifikate und Investmentfonds einzuordnen sind. Beides, Zertifikate und Fonds, sind keine eigenständigen Anlageformen, sondern eine Art Verpackung für Anlageformen – ein Instrument bzw. Vehikel für das Investieren. Durch den Trend des indexorientierten Anlegens in den letzten zwanzig Jahren werden diese Produktformen immer wichtiger.

Ein Zertifikat ist eine börsenfähige Schuldverschreibung, in der Regel ist das ein Zerobond. Dem Zertifikat liegt die Wertentwicklung eines Basiswertes zugrunde. Der Basiswert ist ein Index, ein Rohstoff, eine Aktie oder ein anderes Wertpapier. Der Emittent, gewöhnlich ist das eine Bank, bewertet das Zertifikat und stellt Kurse. Er „macht" also jederzeit den Markt und wird daher als „Market Maker" bezeichnet. Im Gegensatz zu einer normalen Kuponanleihe erhält der Anleger weder eine feste Zinszahlung noch eine definitive Rückzahlung. Stattdessen orientiert sich die Rückzahlung allein an der Wertentwicklung der Indizes oder anderer Basiswerte, deren Berechnungsweise genau festgelegt ist. Wichtig ist der Hinweis, dass ein Zertifikat ein Emittentenrisiko hat, das sich in der Krise zeigen kann.

Investmentanteile sind Anteilsscheine an Sondervermögen, das von Kapitalverwaltungsgesellschaften abgesondert vom eigenen Vermögen gebildet und verwaltet wird (Bruchteilseigentum des Anlegers). Ein Fondsanleger trägt damit kein (originäres) Emittentenrisiko.

Vorteile von Investmentfonds sind

- die Risikostreuung,
- die Darstellung einer rechtlichen und konstruktiven Sicherheit und
- die Anlagemöglichkeit von Kleinstbeträgen mit dem Vorteil von regelmäßigem Wertpapiersparen.

Die Kapitalverwaltungsgesellschaft managt den Fonds, die Verwahrstelle (früher „Depotbank" genannt) übernimmt wichtige technische Aufgaben (Verwahrung, Ermittlung des Fondspreises, Kontrolle – vgl. Abbildung 9).

Für Einzelwerte gibt es Höchstwerte, gesetzlich sind maximal 10 Prozent vorgeschrieben. Damit soll ein Klumpenrisiko ausgeschlossen werden. Sowohl die Kapitalverwaltungsgesellschaft als auch die Verwahrstelle unterliegen der Bankenaufsicht. Fonds müssen genehmigt und geprüft werden, die jeweiligen Berichte werden offengelegt. Viele Investmentgesellschaften sind als Tochtergesellschaften in die Geschäftspolitik von Verbundgruppen oder Konzernen eingebunden, z. B. Deka-Fonds (Sparkassen-Finanzgruppe), Union Investment (genossenschaftliche Finanzgruppe), DWS (Deutsche Bank), AGI (Allianz), und unterliegen damit einer besonderen Verantwortung.

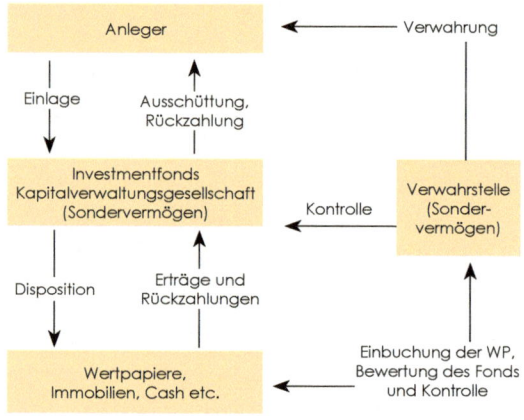

Abbildung 9: Konstruktion eines Investmentfonds

Ein Exchange Traded Fund (ETF) ist ein börsengehandelter Fonds, auch Indextracker genannt.

Pionier der Indextracker war *John Bogle*, der 1975 mit Vanguard 500 den ersten Indexfonds auflegte und so den amerikanischen Markt (S&P-500) nachbildete. Mitte 2000 hat die Deutsche Börse auf Xetra ein vollelektronisches Marktsegment für börsengehandelte Fonds (ETF) eingerichtet, auf der heute über eintausend ETF gelistet sind. Größte Anbieter für ETF in Europa sind iShares (BlackRock), Lyxor (Société Générale), Xtrackers (DWS), UBS, Amundi (Crédit Agricole und Société Générale) und Vanguard. Vorteile von ETF sind ihre einfache Handelbarkeit über die Börse und ihre sehr geringen Kosten.

Unser Anlagetipp: ETF bieten dem Anleger einen einfachen Weg, die Diversifikation im Portfolio zu erhöhen oder bestimmte Investmentthemen mit einem einzigen Wertpapier abzudecken. Ebenfalls lässt sich mit ETF die Investitionsquote effizient steuern.

Quellen: Dt. Bundesbank, Die wachsende Bedeutung von ETF an den Finanzmärkten, in: Monatsbericht der BB 10/2018, S. 83-106; Kommer, Souverän Investieren mit ETF, 2015; Bacher, Bankmanagement, 2015, S. 273 ff. und 320 ff.; Bähr, Die Entstehung des Investmentwesens, in: Kreditwesen 21/2010, S. 1160-1163; Pfeifer, ETF-Markt, in: Kreditwesen 2/2018, S. 29-31; Neiße, Fonds – Vermögensbildung für alle, in: Kreditwesen 21/2010, S. 1156-1159.

03
DAS MAGISCHE „DREIECK" DER GELDANLAGE

Zur Beurteilung der verschiedenen Anlageformen gibt es eine Reihe von Kriterien, über deren Gewichtung, Vorteilhaftigkeit und Nutzen ein Anleger zu entscheiden hat. Dieses Entscheidungsproblem wird vereinfacht in einem Modell, dem sogenannten „magischen Dreieck", dargestellt. Das Modell fußt auf drei wichtigen Kriterien, die auch als Anlegerziele bezeichnet werden. Die drei Kriterien „Rendite, Sicherheit und Liquidität" sind allgemein anerkannt und bei Geldanlagen von zentraler Bedeutung.

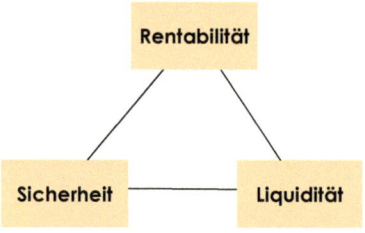

Abbildung 10: Das „magische Dreieck der Geldanlage".

Meist stehen die drei Anlageziele in einem Spannungsverhältnis zueinander. In der Regel gibt es negative Wechselbeziehungen. Man spricht deshalb von einem magischen Drei- bzw. Vieleck. Grundsätzlich gilt: hohe Rendite, hohes Risiko. Das gilt zum Beispiel bei einem heißen Aktientipp oder einer riskanten Unternehmensanleihe. Anlageformen mit hoher Liquidität, wie sie das Bargeld verkörpert, versprechen oft keine Rendite.

Der neueste Trend bei der Vermögensverwaltung sind Robo-Adviser. Das sind Plattformen, die algorithmusbasiert Wertpapierempfehlungen erstellen. Das System fragt den Anleger nach seinen Zielen, Wertpapiererfahrungen, nach seiner finanziellen Situation und Risikotragfähigkeit, erstellt daraufhin ein Rendite-Risiko-Profil und bestimmt entlang der „mathematischen Effizienzkurve" ein Portfolio. Gut im Robo-System ist das standardisierte Verfahren – frei von Emotionen. Weniger gut ist, dass hierbei die Geldanlage völlig unpersönlich erfolgt und Menschen über Maschinen in ein Schema gepresst werden. Das System gaukelt auch etwas vor, was es gar nicht gibt: sichere Rendite. Auch ein Robo-Adviser arbeitet nicht verlustfrei, zumal auch der beste Computer Kursentwicklungen nicht vorhersehen kann. Es gibt die ultimative Börsenformel nicht und weder Mathematiker noch Informatiker sind die besseren Börsianer! Robo-Advice ist auch nicht billig, die Kosten des Services können die Rendite stark drücken. Viele Robo-Adviser nutzen ETF als Bausteine. Wer seine Aktienquote kennt, kann leicht sein Portfolio über ETF kosteneffizient selbst darstellen und so zusätzliche Aufwendungen sparen.

Eine genaue wissenschaftliche Quantifizierung der Ziele ist unmöglich, zumal die Skalierung schwierig ist und sich der genaue Erfolg einer Anlageform erst in der Zukunft zeigt. Einige Kriterien stehen in einer besonderen Abhängigkeit zueinander. So sind Rendite und Risiko eng miteinander verbunden und zwei Seiten einer Medaille. Für eine Optimierung ist die individuelle Lebenssituation, die Anlagedauer und Prioritätensetzung entscheidend.

Diskutiert werden weitere zentrale Anlageziele. Für Anleger mit hoher Steuerbelastung ist die „Steueroptimierung" von wesentlicher Bedeutung.

Steueroptimierung ist eigentlich kein eigenständiges Anlageziel, sondern ein Unterziel der Rendite. Das gleiche gilt für die Kosten – einmalige Kosten der Anschaffung bzw. des Verkaufs und die laufenden Kosten. Die Rendite kann also vor und nach Steuern und Kosten unterschieden werden.

Deutsche lieben das Sparen von Steuern. Das überrascht, da viele deutsche Bürger bei jeder Art von Problemen ganz schnell nach dem Staat rufen und dieser von Steuereinnahmen lebt. Die „Steueroptimierung" ist auch ein sehr beliebtes Verkaufsargument. In der Geldanlage ist das aber ein schlechter Ratgeber. Auf einen Steuervorteil gibt es keine ewige Garantie. Generell gilt: Das Investment muss auch ohne Steuervorteil laufen, also sicher sein, Rendite bringen und wieder liquidierbar sein. Nie darf die Steuer das zentrale Argument sein. Freilich sollte jeder Anleger seine steuerliche Situation im Visier haben. Sie darf auch gerne Nebenziel der Anlage, eine Art „Zugabe der Anlageform", sein.

Ein weiteres Ziel kann auch der Aufwand sein, der mit einer Anlageform verbunden ist, also die Bequemlichkeit (Convenience). Weitere Ziele können die Nachhaltigkeit und Transparenz einer Anlageform sein.

Quellen: Bacher, Bankmanagement, 2015, S. 198 ff., Beck/Bacher/Herrmann, Inflation 2017, S. 175-177.

Anlageziel „Rendite"

Um die Ertragskraft verschiedener Anlageformen direkt vergleichen zu können, wählt man die Rendite. Die Rendite einer Investition ist der „Gewinn" bezogen auf das eingesetzte Kapital. Das Anlegerkriterium „Rendite" zielt also auf den künftigen finanziellen Erfolg eines Investments.

Die Rendite ist oft die relevante Zielgröße eines Investments. Die Erfolgsquellen sind dabei vielfältig: Zins, Dividenden und Kursgewinne. Messziffer dieses Kriteriums ist die Rendite als prozentuales Ergebnis der Gesamterträge einer Periode in Bezug zum eingesetzten Kapital minus der Kosten. Die Rendite drückt also den Erfolg einer Kapitalanlage innerhalb eines bestimmten Zeitraumes aus. Allgemein ergibt sich die Rendite einer Periode als Gewinn nach Kosten bezogen auf das eingesetzte Kapital.

Achten Sie auf die Kosten einer Anlageform und zwar zweifach: beim Erwerb und bei der laufenden Bewirtschaftung. Der Immobilienerwerb kann etwa 10 % Erwerbsnebenkosten verursachen, hinzukommen beachtliche laufende Aufwendungen und der persönliche zeitliche Verwaltungsaufwand. Der Kauf einer Immobilie ist also schon aus Kosten- und Aufwandsgründen nur für eine lange Haltedauer geeignet. Durch das Elektronic-Banking sind die Transaktions- und Verwahrkosten bei Wertpapieren immer mehr gefallen. Teilweise liegen die Kosten bereits bei null. Fonds können jedoch teuer sein. Beim klassischen Investmentfonds wird beim Kauf oft ein Ausgabepreis verlangt. Pro Jahr fallen zudem eine Verwaltungsgebühr und weitere Kosten an. Schnell summieren sich hier 2 % p. a. oder mehr, was direkt auf die Rendite drückt. Der Erwerb von kostengünstigen ETF sind hier eine überlegenswerte Alternative.

Hinsichtlich des Gewinns lassen sich also Brutto- und Nettorendite unterscheiden. Nettorenditen berücksichtigen individuelle Gegebenheiten wie Grenzsteuersätze, Abschreibungsmöglichkeiten und

Transaktionskosten. Sie weisen also den Nettoerfolg nach Steuern und Kosten aus und sind gewöhnlich für den Anleger entscheidend. Da diese Größen nicht verallgemeinerungsfähig sind, eignen sich Nettorenditen in der Regel nicht für eine grundsätzliche Darstellung. Hierfür ist die Bruttorendite idealer.

Quellen: Sabeur, Aktie vs. Anleihe, ungleicher Wettstreit, in: Kreditwesen 19/2020, S. 50-52; Kaiser/Claessen, Aktien schlagen Renten, Die Bank 3/2001, S. 220 ff.; DAI, Studie Aktie versus Rente, 2004; Jaeger, Vergleichbarkeit von Renditen bei verschiedenen Berechnungsmethoden, in: B. Bl. 3/2011; Wienert, Zur langfristigen Entwicklung von Aktien und Anleiherenditen, in: WiSt, 8/2009, S. 419-421, Bacher, Bankmanagement, 2015, S. 198 ff.

Anlageziel „Liquidität"

Das Anlegerkriterium „Liquidität" zielt auf die Verfügbarkeit der Anlage. Anders ausgedrückt geht es bei der Liquidität um die Frage, wie schnell ein Anleger die Möglichkeit hat, ein Investment wieder in Bargeld zurückzuwandeln. Die Liquidität ist also eine Frage der Liquidierbarkeit einer Anlageform in Geld.

Weniger liquide Anlageformen sind z. B. langfristige Bankeinlagen und Immobilien. Sehr liquide sind Sichteinlagen bei Banken und eben Wertpapiere, zumal es eine Hauptaufgabe der Börse ist, eine hohe Liquidität im Markt darzustellen. Gewöhnlich ist das Liquiditätspostulat bei Standardaktien also stets erfüllt und damit wenig problembehaftet. Die höchste Form der Liquidität hat das Bargeld.

Anlageziel „Sicherheit"

In der Vermögensanlage zielt die „Sicherheit" einer Anlageform auf den Erhalt des Kapitalstamms und richtet sich nach den Risiken einer Anlageform. Sicherheit bedeutet zunächst den Schutz des Kapitals vor Eingriffen bzw. dem Untergang des Kapitals. Der Anleger versucht in dieser zentralen Zieldimension, größere Risiken zu vermeiden. Das Sicherheitsziel ist im Kern also ein Risikovermeidungsziel.

Eine genaue Bestimmung des Risikos ist schwierig. Da Wertpapiere „multikausal" schwanken, ist eine Bemessung des Wertverlustes (Risikos) in Höhe und Zeitpunkt nicht prognostizierbar. Nobelpreisträger Robert J. Shiller hat für Aktien eine einfache Erklärung: Aktien werden von Geschichten für das Geschäftsmodell getrieben, und dieses „Setting" kann sich schnell ändern. In anderen Worten: Eine Aktie lebt von vielen Parametern, die sich schnell verändern und mit Wahrscheinlichkeiten unterlegt werden müssen. Schon eine kleine Veränderung eines Parameters kann eine Neujustierung bedingen. Viel schneller ändert sich das noch bei Marktverwerfungen. So hat die Corona-Pandemie viele Branchen schnell und sehr schmerzhaft in die Knie gezwungen.

„Risiko" kann als negative Zielverfehlung definiert werden, umgekehrt spricht man bei positiven Abweichungen von einer „Chance". Das Eintreten einer unerwünschten Erwartung ist also ein Risiko, das materiell zu einem Verlust führen kann. Bei Wertpapieren bildet sich das Risiko gewöhnlich im Kurs ab. Zur Berechnung des Risikos wird bei Wertpapieren üblicherweise die Volatilität herangezogen. Es gilt: Je höher die Volatilität, desto risikoreicher ist die Anlageform.

Volatilität stammt vom lateinischen Verb „volare" (fliegen, eilen, vergehen) ab und bedeutet so viel wie Flatterhaftigkeit oder Flüchtigkeit. Die Volatilität – häufig auch als „Vola" bezeichnet – ist ein statistisches Maß für die Schwankung einer Zeitreihe um ihren Durchschnitt (Erwartungswert). Gemessen wird die Volatilität in Prozent pro Jahr, selbst wenn der Betrachtungszeitraum kürzer oder länger ist. In normalen Börsenphasen beträgt die Aktienvolatilität etwa 15 bis 20 %, volatile Wertpapiere können weit darüber liegen.

Mittlerweile existieren für die wichtigsten Aktienmärkte auch Volatilitätsindizes. Der Wert ergibt sich aus der Volatilität von Indexoptionen am Terminmarkt. Für den deutschen Aktienmarkt bildet die Volatilität der „VDAX-new-Index" ab, für den amerikanischen Markt der „VIX". Die Volatilitätsindizes sind also eine Art Fieberthermometer der Aktienbörsen. In ruhigen Börsenphasen liegen die Indizes etwa bei 15 % oder darunter, in der Krise können die Indizes stark ansteigen. So sind während der Corona-Pandemie die Indizes im März 2020 auf über 80 % angestiegen.

Die Volatilität als Risikomaß erntet auch Kritik, zumal das Risiko nicht unbedingt mit den Schwankungen gleichzusetzen ist. Anleger nehmen die positiven Abweichungen nach „oben" gerne mit, sie fürchten allenfalls die Ausschläge nach unten. Eigentlich ist Risiko nur der Umgang mit Verlusten, also in der negativen Abweichung nach „unten" (Downside Risk) und auch nur dann, wenn sich der Kurs nicht erholt. In anderen Worten: Das Auf und Ab der Börse verursacht zunächst einmal nur neutrale Schwankungen. Das Risiko im eigentlichen Sinne ist erst der unwiderrufliche Verlust eines Investments. Eigentlich müsste man kurzfristige

Schwankungen deutlich vom endgültigen Verlust unterscheiden. Manche Experten nehmen als Risikomaß den „maximalen Verlust" und die „notwendige Erholungsdauer" (Zeitdauer, bis Verluste wieder wettgemacht wurden). Der maximale Verlust ist ein asymmetrisches Risikomaß. Die Kennzahl stellt einen Verlust zwischen einem Höchststand und dem darauffolgenden Tiefstand innerhalb einer bestimmten Periode dar („Pechvogelrendite"). Es ist in der Periode also der maximal kumulierte Verlust, wenn ein Investor unglücklicherweise exakt am Hochpunkt gekauft und sein Engagement am Tiefpunkt aufgelöst hätte.

Bei einem Portfolio wird oft auch das Risiko mit der Kennzahl Value-at-Risk gemessen. Der Value-at-Risk ist der geschätzte maximal erwartete Verlust, der unter Berücksichtigung der aktuellen Marktvolatilität innerhalb einer Periode mit einer bestimmten Wahrscheinlichkeit eintreten kann.

Quellen: Bacher, Bankmanagement, 2015, S. 199 ff.; Peetz/Schmitt, Wie aus Volatilität Rendite wird, in: Die Bank 3/2009, S. 14-22; Pfeifer, Volatilität, in: WISU 10/2009, S. 1370-1379; Hahn/Thießen, Der Nutzen guter und weniger Risikomaße, in: WiSt 12/2011, S. 627-635; Broecker, Was ist riskant? in: Die Bank 8/2018, S. 70-73; Reuse/Frère/Svoboda, Vergleich verschiedener Value-at-Risk-Verfahren, in: Kreditwesen 12/2020, S. 560-565; Heller, Der einfache Weg zum Wohlstand, 2015, Kapitel III 3; Heller, Die Revolution der Geldanlage, 2020, Kap. 5.

Anlageziel „Minimalaufwand"

Eine Anlageform kann viel Aufwand verursachen oder aber auch sehr einfach zu managen sein. Im letzten Fall wird die Anlageform dann im Fachjargon „convenient" genannt. Das Kriterium „Minimalaufwand" ist also eine Frage der Verwaltungs- und Bewirtschaftungsbequemlichkeit.

Bankprodukte – wie Einlagen oder Wertpapiere – sind für den Anleger gewöhnlich bequem: Die Bank führt für den Anleger die Konten, bewertet laufend die Anlageform und erstellt für das Finanzamt die steuerlichen Belege, üblicherweise wird sogar die Steuer direkt abgeführt. Der Anleger kann sich zurücklehnen und braucht sich um wenig kümmern. Immobilien verursachen hingegen viel Verwaltungsaufwand: Beim Kauf und Verkauf sind notarielle Dokumente notwendig, die laufende Bewirtschaftung ist aufwendig – sowohl kaufmännisch wie technisch. Das Objekt selbst kann viel Ärger verursachen, z. B. bei Schimmelbefall, ebenso können Hausbewohner und Nachbarn anstrengend sein. Ergo: Mit einer Immobilie kauft man sich Aufwand ein, den man freilich an Dritte (Hausverwaltung) delegieren kann.

Anlageziel „nachhaltiges Investieren"

Der Nachhaltigkeitsbegriff fand seinen Ursprung in der Forstwirtschaft im 18. Jahrhundert. Das Postulat sagt: „Schlage im Einklang mit der Natur nicht mehr Holz als nachwächst." Beim nachhaltigen Investieren geht es um

- Förderung des Klima-, Umwelt- und Naturschutzes.
- Einhaltung von Menschen- und Arbeitnehmerrechten und Sozialstandards.
- Gute Unternehmensführung, Bekämpfung von Korruption und Transparenz von Macht- und Vergütungsstrukturen.

Nachhaltiges Investieren wird heute in drei Säulen eingeteilt: ökologisches, soziales und ökonomisches Handeln, international auch ESG-Kriterien genannt. Der nachhaltige Investmentansatz leidet (noch) an einer ungenauen Definition und hat keine einheitlichen Auswahl- und Bewertungsverfahren. Meist übernehmen ausgewählte Ratingagenturen die Informationsbeschaffung und die konkrete Auswahl und Bewertung von Unternehmen bzw. Wertpapieren.

Die Auswahl und Bewertung kann nach unterschiedlichen Methoden erfolgen. Gängige Filtermethoden, um nachhaltige Aktien zu finden, sind folgende:

- Verwendung von Negativ- bzw. Ausschlusskriterien („Negativ-Screening"): Negativbeispiele sind die Herstellung und der Handel von Waffen und Drogen, Korruption, der Einsatz von Atomenergie, von Tierversuchen, von Kinderarbeit, Glücksspielen etc.
- Auswahl von Positivkriterien mit Vorbildfunktion („Positiv-Screening"): Positivbeispiele sind der Einsatz von Erneuerbaren Energien, die Schonung der Ressourcen, die Förderung des verantwortungsvollen Wirtschaftens etc.
- Best-in-Class-Ansatz: Hier werden Unternehmen einer Branche selektiert, z.B. die Top-10%, die am nachhaltigsten wirtschaften und die die relativ beste Umwelt- und Sozialperformance aufweisen.

Das nachhaltige Investieren kann auch „passiv" über Indexing erfolgen. Typische Nachhaltigkeitsindizes sind der Global Challenges Index GCX, der Natur-Aktien-Index NAI, der MSCI World IMI Select Sustainable Impact und der Dow Jones Sustainability Index DJSI.

Quellen: Dt. Bundesbank, Der Markt für nachhaltige Finanzanlagen, in: Monatsbericht der BB 10/2019, S.13-32; Bacher, Bankmanagement, 2015, S.292; Schorlemer u.a., Schwerpunktheft Nachhaltige Finanzen, in: Kreditwesen 6/2020; Simmert/Zülch, Nachhaltigkeit in der Vermögensanlage, in: Kreditwesen 2/2019, S.20-25.

Grobmuster zur Bewertung der Anlageformen

Anlageziele sind wichtig, die klassischen Kriterien „Rendite, Sicherheit und Liquidität" allgemein anerkannt. Wie oben skizziert, ist eine wissenschaftliche Quantifizierung unmöglich, zumal eine Skalierung und Gewichtung der Kriterien notwendig wäre, die aber nicht vorliegt und sich individuell unterscheiden kann. Freilich können grobe Muster abgeleitet werden, die sich gut in Worten und Bildern darstellen lassen und sich für eine erste Einschätzung der Anlageform eignen (vgl. Abbildung 11).

Grafisch ist die erste Bewertung einer Anlageform noch einprägsamer. Man sieht auf den ersten Blick die Besonderheiten der jeweiligen Anlageform. Beispielsweise kann man in Abbildung 12 das derzeitige Renditeproblem von Festgeldern leicht erkennen. Unterstellt, alle vier Kriterien sind für einen Anleger von gleicher Priorität, kann ein Anlagenutzen auch durch die Größe der schraffierten Fläche dargestellt werden. Langfristig verspricht ein globales Aktienmandat dabei wohl den höchsten Anlagenutzen.

	Rendite	Sicherheit	Liquidität	Aufwand
Bargeld	keine	mittel/hoch	sehr hoch	gering
Girokonto	keine	hoch	sehr hoch	sehr gering
Festgeld	keine	hoch	hoch	sehr gering
Anleihen (Bund)	keine	sehr hoch	sehr hoch	gering
Anleihen (Industrie)	gering	mittel	mittel	gering
Einzelaktien	hoch	gering	hoch	mittel/hoch
Aktien ETF (langfristig)	hoch	mittel	hoch	gering
Immobilie (Mietshaus)	mittel/hoch	mittel/hoch	niedrig	hoch

Abbildung 11: Beispielhafte Einschätzung von Anlageformen im Jahr 2021

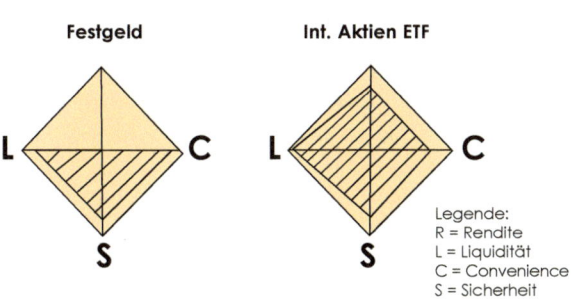

Abbildung 12: Bildhafte Ausprägung von Anlageformen (Grobmuster)

04
DIE ASSET ALLOKATION

Als Asset Allokation wird die strategische Verteilung des verfügbaren Vermögens auf unterschiedliche Anlageformen, Länder und Währungen mit dem Ziel einer Optimierung von Rendite und Risiko bezeichnet. Die Asset Allokation ist also die Basis der Diversifikation.

Diverse Studien belegen, dass die strategische Asset Allokation, also die Aufteilung des Vermögens in Assetklassen, zu über 90 % über den Anlageerfolg entscheidet. Es sind also nicht die Einzelwerte, die über den Anlageerfolg entscheiden, sondern vor allem die generelle Zusammenstellung des Vermögens. Zentral ist das Mischungsverhältnis der Anlageklassen, also von Geld und den Geldwerten (Anleihen), Gold, Immobilien und von Aktien.

Der Vater des Value Investings, Benjamin Graham (1894 bis 1976), legte besonderen Wert auf

Sicherheit. Intelligent sei für ihn ein Konzept, das aufgrund einer Analyse bei einer angemessenen Rendite Sicherheit verspricht. Und für Sicherheit sind Anleihen unerlässlich. Für ihn bestand ein ausgewogenes Depot aus 50% Aktien und 50% Anleihen. Der Anteil der Anleihen sollte niemals weniger als 25% und nicht mehr als 75% ausmachen. Freilich gab es zu Grahams Zeiten Anleihen mit hohen Kupons, also auskömmlichen Zinsrenditen. Graham war Vermögensverwalter und zugleich an der Columbia Universität als Dozent tätig. Er gilt als Lehrmeister von Warren Buffet.

Wie dargestellt kann auf sehr lange Sicht ein globales Aktienportfolio die Anlageziele gut erfüllen. Ein Investment in einen Korb von Aktien schlägt damit alle anderen Anlageformen. Für Kritiker der Asset Allokation ist eine definierte Aktien- und Anleihequote nicht bestimmbar, da niemand Krisen und Kurse vorhersagen kann. Nach dieser Ansicht ist ein weltweit diversifiziertes Portfolio mit einer Aktienquote von annähernd 100% anzustreben. Dies ist jedoch aufgrund unterschiedlicher Risikotoleranz nicht für jeden Anlegertyp geeignet. Professor Jeremy Siegel hat zudem nachgewiesen, dass sich Arbeitseinkommen und Aktienrenditen unabhängig entwickeln und sich allein aus dem laufenden Arbeitseinkommen und einem Investment mit Aktien eine gute Diversifikation ergibt.

Der Diversifikationseffekt wirkt zwischen den Vermögensklassen und glättet das Risiko. Aktien haben weltweit einen erkennbaren Gleichlauf. Eine Diversifikation zwischen den Aktienmärkten allein schützt also nicht vor Verlusten. So sind zum Beispiel im Krisenjahr 2008 Aktien weltweit stark eingebrochen, während deutsche Staatsanleihen und Gold stark gestiegen sind. Freilich haben sich die Aktienmärkte innerhalb von fünf Jahren wieder erholt. Im Jahr 2020 gab es ein ähnliches Szenario. Die Besonderheit hier war ein „Zeitraffereffekt", also die extrem schnelle Erholung der Börsen.

Unser Anlagetipp: Eine geschickte Streuung von Vermögensarten mindert das Risiko und kann trotzdem für beständigen Wertzuwachs sorgen. Da Gold keinen laufenden Ertrag erwirtschaftet und derzeit das gleiche für deutsche Staatsanleihen gilt, bleiben als Basisinvestment für ein Vermögen im Wesentlichen nur Immobilien und Aktien.

Für ein Investment in Aktien ist „Zeit" notwendig, zumal Aktien nur kurzfristig riskant, langfristig relativ sicher sind. Je länger der Anlagehorizont ist, desto größer kann der Aktienanteil sein. Unerlässlich für ein kompaktes Portfolio, gerade als Vorsorge für eine Krise, sind Geldwerte, gerne auch Gold und Immobilien. Freilich bildet ein diversifiziertes Aktienportfolio gewöhnlich den Kern und den Schwerpunkt eines Wertpapierportfolios, der je nach Risikoneigung von Gold und unterschiedlichen Geldwerten als Satelliten umkreist wird.

Portfoliotheorie bestätigt Diversifikationseffekt

Wissenschaftlich analysiert die Portfoliotheorie die Portfoliobildung und das Investitionsverhalten von Anlegern sowie die Wirkung des Diversifikationseffekts. Sie überprüft die Renditen und Risiken am Kapitalmarkt und versucht, optimierte Portfolios zu gestalten, also Anlagerisiken zu minimieren bzw. Renditeerwartungen zu maximieren. Ziel der Portfoliotheorie ist das „optimale Portfolio". Maßgebliche Größen dabei sind die Erwartungen an „Rendite" und „Risiko".

Die Risiken von Wertpapieren sind nur teilweise gleichlaufend, teilweise sind sie gegenläufig. Idealerweise heben sie sich gegenseitig auf. Erstaunlicherweise gehen die Renditen nur geringfügig zurück, wenn breit diversifiziert wird. Im Ergebnis verbessert sich in einem diversifizierten Portfolio gewöhnlich das Rendite-Risiko-Verhältnis. Man reduziert das Risiko einzelner Aktien dadurch, dass man mit vielen Aktien ein effizienteres Portfolio zusammenstellt. Noch besser ist es, einem Portfolio aus Aktien Wertpapiere entgegenlaufender Anlageformen (z. B. Staatsanleihen und Gold) beizumischen. Die Konsequenz dieses Diversifikationseffekts ist, dass durch die Streuung im Portfolio das Risiko entscheidend gemindert werden kann, ohne dass dadurch die Rendite wesentlich geschmälert wird!

Der gängige Praxisfall zur Anschauung des Portfolioeffekts ist wie folgt: An einem Seeort bieten Einzelhändler je nach Wetterlage Badehosen oder Regenkleidung an. Liegt ein Händler mit seiner Wetterprognose richtig, kann er all seine Produkte verkaufen und einen guten Gewinn erzielen. Irrt er, bleibt er auf seiner Ware sitzen. Setzt er jeweils nur auf ein Pferd, werden im Zeitablauf seine Umsätze und Erträge stark schwanken. Wenn er aber beide Produkte anbietet, ist ihm ein stetiger Umsatz bzw. Gewinn sicher. Mit dieser Ausrichtung des Geschäfts ist seine Ertragslage relativ „schwankungsfrei", sein unternehmerisches Risiko ist weitgehend „wegdiversifiziert".

Nobelpreisträger Harry Markowitz fand eine Möglichkeit, das Risiko eines ganzen Portfolios zu messen. Zentrale Bedeutung hat dabei die Korrelation von Wertpapieren (Kovarianz): Zwei Wertpapiere haben eine hohe Kovarianz, wenn ihre Kurse in die gleiche Richtung gehen. In anderen Worten: Sie laufen dann im Gleichschritt. Es gibt auch Assetklassen, die sich gegenläufig entwickeln, und auch solche, die sich neutral verhalten.

Im Börsencrash fallen Aktien überall, sie haben einen (negativen) Gleichlauf. Gold und Staatsanleihen sind für Investoren in dieser Situation oft der sichere Hafen, bleiben in der Krise wertstabil oder steigen sogar im Kurs. Zu den Kursen der Aktien verhalten sich die Kurse von Staatsanleihen und Gold oft gegenläufig. Die Preise von Immobilien sind eher indifferent, gerade kurzfristig zeigen sie oft ein Verharrungsvermögen.

Probleme der Portfoliotheorie bestehen, in der Unsicherheit der Prognosen und Daten generell, in ihrer Dynamik und im mangelnden Timing. Konkret bemängeln Kritiker der Portfoliotheorie, dass historische Renditen und Risikomaße für künftige Berechnungen nur begrenzt taugen und sich die Marktteilnehmer nicht immer rational verhalten.

Markowitz hat den Daten in der Anwendung selbst nicht vertraut, der Grundtendenz seiner Theorie jedoch sehr wohl: Ganz pragmatisch legte er die Hälfte seines Vermögens in Aktien, die andere in Anleihen an. Daten und Formeln hat er sich dabei nicht bedient. Auch John Maynard Keynes, wohl der bedeutendste Ökonom des 20. Jahrhunderts, setzte auf eine ausgewogene Investmentstruktur und wurde reich. Sein Credo: „Gehe unterschiedliche Risiken ein, wenn möglich gegensätzliche!"

Quellen: Bacher, Bankmanagement, 2015, S. 229 ff.; Keppler, Portfoliotheorie: Zweifelhafte Annahmen, suboptimale Ergebnisse, in: Die Bank 7/1991, S. 382-385; Neumann, Wissenschaftliches Investieren, in: bank und markt 5/2014, S. 34-37; AGI-Studie, Portfoliooptimierung: Nicht alle Eier in einen Korb legen, 2014; Heller, Die Revolution der Geldanlage, 2020, Kap. 5.

Die Aufgabe von Vermögensverwaltern: bestes Kundeninteresse

Aufgabe von Vermögensverwaltern ist das Management von Wertpapiervermögen. Rechtlich handeln sie im Auftrag bzw. in Vollmacht des Investors. Sie managen nach eigenem Ermessen, investieren in einzelne

Wertpapiere nach eigener Wahl – unabhängig und in bestem Kundeninteresse. Freilich agieren sie nach vorgegebenen Kriterien und in einem mit dem Investor vereinbarten Rahmen. Im Zentrum dieses Rahmens, Anlagerichtlinien genannt, steht die gewählte Depotklasse mit der konkreten Asset Allokation, also die generelle Aufteilung des Kundenvermögens in die einzelnen Vermögensklassen. Zentral dabei ist die Bestimmung einer (maximalen) Aktienquote. Für das Management des Portfolios erhält die Vermögensverwaltung eine fixe Gebühr. Diese kann auch um ein Erfolgshonorar erweitert werden.

Die „Drittelregel" und das Kakerlaken-Modell

Für die Diversifikation gibt es kein Patentrezept, das „ideale" Portfolio der Portfoliotheorie ist eine Wunschvorstellung. Mehr noch: Es ist eine Utopie, zumal es vom Kunden, dessen Zielen, wirtschaftlicher Situation und Risikotragfähigkeit und von den künftigen persönlichen und finanziellen Entwicklungen abhängt. Und die Zukunft ist ungewiss – für jeden einzelnen als auch für ganze Volkswirtschaften und deren Märkte.

Eine historische Handlungsanweisung an die Vermögensaufteilung gibt die Drittelregel: „Teile

Dein Vermögen wie folgt auf: ein Drittel Immobilien, ein Drittel Aktien und ein Drittel Gold und Geldwerte." Ähnlich strukturiert ist das Kakerlaken-Portfolio von Dylan Grice, einem ehemaligen Anlagestrategen der Société Générale. Er teilt das Vermögen in vier gleiche Teile auf, in „Aktien, Gold, Staatsanleihen und in Geld". Nach seiner langjährigen Beobachtung seien diese vier Anlageklassen untereinander wenig korreliert. Ein derartiges Modell sei wertstabil und hält sogar großen Verwerfungen stand. Grice nennt es deshalb auch Kakerlaken-Modell. Kakerlaken gibt es seit Millionen von Jahren. Sie gelten als extrem zäh und widerstandsfähig. Weder Eiszeit noch Hitze konnten ihnen etwas anhaben, selbst Einschläge von Meteoriten oder radioaktive Strahlen können sie überleben.

Das Kakerlaken-Modell ist ein einfaches und interessantes Modell. Nur in einer bisher nie dagewesenen Nullzinsphase kann man dieses Modell als einseitig bewerten. Wenn drei von vier Teilen, also 75 Prozent des Portfolios keinen laufenden Ertrag erwirtschaften kann sowie Kosten und Steuern anfallen, ist diese Portfolioaufteilung wohl nicht mehr ausgewogen!

Aktien, unsere dominante Anlageklasse

Egal was kommt, Menschen leben nicht im Paradies und haben Bedürfnisse. Geld befriedigt Bedürfnisse materiell, es hilft zu tauschen und zeigt über Preise die Knappheit von Waren und Dienstleistungen an. Die Waren und Dienstleistungen erbringen Unternehmen, teilweise auch der Staat und die Familie.

Unternehmen, die die besten Produkte und Leistungen anbieten, werden in einer Marktwirtschaft durch Umsätze belohnt, und durch hohe Umsätze steigt die Chance auf den Gewinn. Sofern die Unternehmensanteile an Börsen notiert werden, steigen die Aktienkurse von Topunternehmen. Besonders erfolgreiche Unternehmen werden immer mehr die Trends und Indizes beherrschen und dadurch noch attraktiver. Auch die Anleihen solcher Unternehmen werden gewinnen. Dieser marktwirtschaftliche Mechanismus funktioniert schon mehrere Jahrhunderte und sorgt – trotz vorhandener Kritikpunkte – für gute Marktgleichgewichte und für Wohlstand.

Unser Ergebnis: In wirtschaftlich schwierigen Zeiten von Null- und Negativzinsen, verbunden mit einer Geldschwemme, sollten Aktien das Portfolio dominieren. Ihr genialer Vorteil ist die effiziente und kostengünstige Transaktion: Mit einem Klick fast zu „null" kann man weltweit investieren.

Unser Anlagetipp: Aktien bleiben auch in Zukunft wichtig und bilden den Schwerpunkt des Portfolios. Mit Aktien allein ist die Vermögensaufteilung allerdings etwas schief. Auch Anleihen von soliden Unternehmen können eine interessante Alternative sein. Zudem empfehlen wir die Beimischung von Gold und Geldwerten (Cash und Staatspapiere). Gut ist auch, bei jedem Portfolio das Immobilienvermögen im Blick zu halten.

Da Aktien in der Krise in der Breite fallen, ist es überaus sinnvoll, gerade das Aktienportfolio breit zu streuen. Es wäre unklug, allein in eine Branche – zum Beispiel nur in Konsumwerte – zu investieren. Das wäre einseitig, das Portfolio hätte eine hohe Abhängigkeit. Bildlich gesprochen liegen „zu viele ähnliche Eier in einem Korb". Weil sich Branchen relativ unabhängig voneinander entwickeln, ist es besser, bei Aktien und Unternehmensanleihen in viele unabhängige Branchen zu investieren, z. B. in Luxusgüter, Konsum, Versicherungen, Transport, Energie und in neue Technologien. Die Leitmaxime heißt also: „Investiere breit gestreut in verschiedene Themen, Branchen und Geschäftsmodelle und in mehrere Länder und Regionen. Mische zudem unabhängige Anlageformen wie Geldwerte, Gold und Immobilien bei."

Das Orchestermodell und die Fußballmannschaft

Zur Umsetzung für unseren Portfolioansatz gibt es mehrere anschauliche Modelle mit griffigen Namen. Anschaulich ist auch das Orchestermodell des österreichischen Dirigenten Christian Gansch. Nach Gansch gibt es in der Musik und im Wertpapiermanagement viele Parallelen. Wertpapiere könne man mit Musikern vergleichen. Ein Top-Orchester ist gut strukturiert und besteht aus über zehn Abteilungen. Jede Abteilung hat Führungsspieler und Stellvertreter, jeder Spieler hat eine besondere Technik und Routineabläufe. Alle Spieler und der Dirigent sind miteinander in Kontakt und feilen über Monate und Jahre hinweg an einer nachhaltigen, exzellenten Performance. Es ist ein kreativer Prozess des „immer besser Werdens". Entscheidende Erkenntnisse und Hinweise werden kommuniziert. Trotz aller Anstrengung kommt es (fast) nie zum perfekten Konzert. Ein schönes Bild ist das, das sich sehr gut auch für ein Portfolio eignet.

Ähnlich anschaulich beschreibt die Kunst des Portfoliomanagements Gottfried Heller, der Gründer der FIDUKA-Depotverwaltung. Hellers Ratschlag: „Planen Sie Ihr Portfolio wie ein Fußballtrainer seine Mannschaftsaufstellung. Fußball wird mit einer Mannschaft gespielt: Es gibt einen Torwart, eine Verteidigung, ein Mittelfeld, einen Sturm und eine Auswechselbank." (Vgl. Abbildung 13)

Die Mehrzahl der Spieler auf dem Platz – etwa zwei Drittel – arbeitet defensiv. Ein guter Torwart und eine robuste Abwehr sollen Sicherheit bringen, d. h. das Risiko eines gegnerischen Tores vermeiden. Übertragen auf ein Wertpapierportfolio übernehmen Gold, die Cashquote, Anleihen und Standardwerte mit stabilem Geschäftsmodell diese Aufgabe. Im Fußball ackert das Mittelfeld – teils offensiv, teils defensiv. Es sind die vielseitigen Spielertypen, die oft am meisten laufen. Im Depot können das breite Indexwerte (z. B. MSCI World) oder Dividendenwerte sein. Der Sturm schießt hingegen spektakuläre Tore, das können Sprinter, Techniker oder auch Vollstrecker sein. Der Sturm wird in einem Depot durch riskantere Anleihen dargestellt und mit Aktien aus den Emerging Markets, Neben- oder Wachstumswerte oder mit zyklischen Aktien besetzt.

Jedermann weiß: Eine erfolgreiche Fußballmannschaft lebt vom Teamgedanken. Spieler haben unterschiedliche Talente und können sich ergänzen. Jeder auf dem Platz muss seine eigenen Stärken ausspielen und oft noch die Schwächen anderer abdecken.

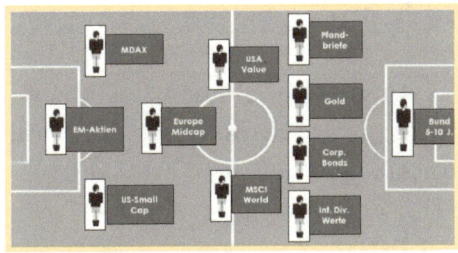

Auswechselspieler: Growth-Aktien, Zykliker; Rohstoffaktien, EM-Bonds, US-Bonds

Abbildung 13: Hellers Portfolio analog einer Fußballmannschaft

Je nach Situation kann man seine Mannschaft offensiv oder defensiv aufstellen. Das hängt maßgeblich auch vom Gegner ab. Bei einem Depot ist der Gegner das Börsenumfeld (= saisonale, monetäre, psychologische und technische Faktoren). Ist der „Gegner" im Rauschzustand (1999/2000), dann ist Defensive angesagt, ist der „Gegner" depressiv, dann ist es Zeit, offensiver zu spielen. Insgesamt wird ein guter Trainer seine Mannschaft „kompakt" aufstellen, d. h. fest gefügt, also mit Abwehrkraft, Durchhaltevermögen und Angriffsstärke.

Quellen: Heller, Die Revolution der Geldanlage, 2020, Kap. 6 und 10; Heller, Der einfache Weg zum Wohlstand, 2015, Kapitel III 3, 4 und VII, Beck/Bacher/Herrmann, Inflation 2017; Bacher, Bankmanagement 2015, S. 224-228; Siegel, Langfristig Investieren, 2006; Schuster/Röder, Aktien als (lfr.) Inflationsschutz, in: CFbiz 7/2013, 422-427; Naumer (AGI-Studie), Investieren in Aktien und Anleihen: Die Mischung macht's, 4/2014, Zakrewski/Humpe, Asset Allocation, in: Die Bank 9/2014, S. 8-13.

Strategie vor taktischen Maßnahmen

Am Ende einer Börsenphase stellt sich oft die Frage, was jetzt eigentlich richtig war. Unsere Erfahrung ist klar: Der Schutz des Vermögens steht an erster Stelle, und die wichtigste Sicherheitsstufe ist die Diversifikation. Gerade nach einem absurden Jahr, vielleicht nach einer Krise, in der die Welt glaubte, dass die Welt untergehen wird, beruhigt uns die Erkenntnis, dass es Vermögensklassen gibt, die ihren Wert gehalten haben und die das Tal der Tränen nicht ganz so wuchtig ausgespült haben. Unsere zweite Erkenntnis ist, dass die Aktienmärkte übertreiben und nach einem tiefen Fall wieder steigen. Alte Höhen werden erreicht und übersprungen werden. Ungewiss ist nur der Zeitraum. Was in dieser Phase hilft, ist Demut. Geduld ist angesagt. Bei der Geldanlage geht es nicht darum, den großen Preis zu gewinnen. Niemand kann „immer richtig" liegen. Viele Anleger, auch Profis, träumen vom schnellen Reichtum. Sie wollen schlauer als andere sein und setzen alles auf eine Karte oder auf Timing. Das kann im Einzelfall gut gehen, aber seriös ist das nicht.

Ganz große Investoren haben es uns vorgemacht, dass es um die Sicherheit bei angemessener Rendite gehen muss. Und das geht nur mit einer ausgewogenen Investmentstruktur. Gerade in der Krise zahlt sich Diversifikation aus. Denn wer nicht so tief fällt, kommt schneller wieder an den Gipfel. Warren Buffett kennt das, er ist ein kluger Rechner. An einem Beispiel erklärt er es so: Wer es schafft, im Aktiencrash mit nur 33 Prozent statt mit 50 Prozent zu fallen, braucht nach der Krise nur die Hälfte der Kraft zum Aufstieg. Um den Höchststand wieder zu erreichen, braucht der sicherheitsorientierte Anleger einen Zuwachs von 50 Prozent (von 67 auf 100), während der Markt auf 100 Prozent Zuwachs (von 50 auf 100) hoffen muss.

Wer diversifiziert, gewinnt keine Ranglisten und kann auch Geld verlieren. André Kostolany, der

Mitgründer der FIDUKA, war in Paris zu Hause, und die Devise von Paris lautet: „Fluctuat nec mergitur" – „Sie mag schwanken, aber sie geht nicht unter." Er fand, dass dies ein guter Leitspruch für die Börse ist. Ein gutes Mittel, die Schwankungen gut zu ertragen, heißt Diversifikation.

André Kostolany zitierte gerne General Moltkes Wortspiel der vier Gs. Danach braucht man für den Erfolg im Krieg wie an der Börse die vier Gs: Geld, Gedanken, Geduld und Glück. Nach Kostolany kommt das notwendige Glück von allein, wenn man lange genug die ersten drei Gs befolgt. Recht hat er. Geduld zu haben ist an der Börse wichtig, gute Gedanken ebenso. Für uns steht die Diversifikation ganz oben. Diesem Gedanken haben wir dieses Buch gewidmet.

Wir sind von Aktien als überlegene Anlageform überzeugt. Gerade wenn man auf Aktien setzt, gilt die Regel: „Lege nicht alle Eier in einen Korb. Diversifiziere. Dann kannst Du besser schlafen."

ZU DEN AUTOREN

Prof. Dr. Urban Bacher ist Kaufmann und Jurist und stammt aus einer Unternehmerfamilie. Nach seinen Studien arbeitete er in der bayerischen Genossenschaftsorganisation, zunächst beim Verband, dann als Bankdirektor einer Raiffeisenbank. Seit 1999 ist er Professor für Bankmanagement an der Hochschule Pforzheim. Seit Jahren ist er Aufsichtsrat einer Versicherungsgruppe und (nebenamtlich) Geschäftsführer der FIDUKA Depotverwaltung.

Marco Herrmann ist Betriebswirt und Chartered Financial Analyst (CFA). Seit fast dreißig Jahren ist er im Investmentgeschäft tätig als Analyst und Portfoliomanager bei renommierten Banken und Fondsgesellschaften. Seit 2010 ist er Geschäftsführer und Chief Investment Officer der FIDUKA Depotverwaltung in München.

WICHTIGER HINWEIS/DISCLAIMER

Die Informationen in diesem Buch beruhen auf sorgfältig ausgewählten Quellen. Deren Richtigkeit, Vollständigkeit und Unabhängigkeit kann nicht garantiert werden. Alle hier geäußerten Meinungen sind persönliche Meinungsäußerungen und beruhen auf heutigen Einschätzungen und können sich ohne Vorankündigung ändern. Investieren birgt Risiken. Der Wert einer Anlage und Erträge hieraus können stark sinken oder steigen. Hinweise auf die vergangene Wertentwicklung sind kein Indikator für künftige Ergebnisse und garantieren nicht notwendigerweise positive Entwicklungen in der Zukunft. Gerade die Zukunft ist ungewiss. Es besteht unsererseits keinerlei Verpflichtung, Zukunftsaussagen zu aktualisieren. Es wird keine Haftung für etwaige Verluste aus Vermögensdispositionen übernommen, soweit nicht grob fahrlässig oder vorsätzlich verursacht.

Dieses Buch stellt weder eine Aufforderung oder ein Angebot zum Erwerb, Halten oder Verkauf der genannten Anlageinstrumente oder anderen Produkte dar, noch eine Aufforderung zur Tätigung sonstiger Transaktionen bzw. Rechtsgeschäfte. Die Aussagen in unserem Buch stellen auch keine Empfehlung dar und haben keinerlei Beratungscharakter in irgendeiner Form. Die zur Verfügung gestellten Informationen dienen ausschließlich dem persönlichen oder wissenschaftlichen Gebrauch und zu Informationszwecken. Die diskutierten Anlagemöglichkeiten können je nach persönlichen Anlagezielen und der Finanzsituation für bestimmte Anleger ungeeignet sein. Bevor eine Anlageentscheidung getroffen wird, wird empfohlen, nochmals eine Fachperson beizuziehen. Bitte beachten Sie, dass die FIDUKA mit den vorgestellten Wertpapieren unter Umständen handelt oder diese Wertpapiere in ihren Fonds bzw. Kundendepots hält.

NOTIZEN

NOTIZEN

NOTIZEN

NOTIZEN